A NEW DEMOCRATIC THEORY

새 민주주의론

'국민 존중' 없는 민주주의는 허구다

김유경 · 이종수

진정한 민주주의를 향한 여정의 시작

"새 민주주의론 : '국민 존중' 없는 민주주의는 허구다." 라는 이 책은 무디어져 가는 민주주의에 대한 경각심을 주기 위해 한국 민주주의 사례를 살펴보고, 민주주의 회복을 위한 과제를 제시하고자 한다.

특히 '국민 존중'이라는 핵심 가치를 강조하며, 이를 위한 대표 개념으로 '자유'와 '인권'을 삼고 있다.

한편, 2024년 총선에서 국민들이 안심하고 투표할 수 있도록 한국의 민주주의를 위협하는 구체적 문제점들과 대책을 소개하고 있다.

DY 도서출판 대영문화사

머리말

민주주의 정치 체제는 지고지순(至高至純)한 정체가 아니다. 민주적 방식은 특히 '정책 합리성' 측면에서 그리고 '결정의 지연' 등의 측면에서 많은 문제점을 지닌다. 돈도 많이 든다. 그러나 민주적 방식은 자기교정력(自己矯正力)을 지니고 실패 가능성을 줄이는 등 많은 장점을 지닌다.

오늘날 민주주의 담론이 혼란스러운 이유는 핵심 가치를 중심으로 민주주의가 정의되지 못하고, 좁은 시각의 '선거'에만 초점을 둔 미시적(微視的) 접근이 이루어지기 때문이다.

민주주의의 기본 개념을 재정립하고자 하는 이 책에서는 점차 무디어져 가는 민주주의의 도전들에 대한 우리 사회구성원들의 경각심을 일깨우기 위해, 도전받는 한국 민주주의의 사례들을 살펴보고 우리 사회의 민주주의 회복을 위한 과제들을 구체적으로 논해 보고자 한다.

2024년 정초

저자 일동 씀

프롤로그

"새민주주의론: '국민 존중' 없는 민주주의는 허구다."

오늘날 민주주의 관련 논란들이 혼란스러운 것은 민주주의의 개념 자체가 애매하기 때문이다. 고전적 민주주의의 개념이 바뀌고 재정의되어야 할 이유가 여기에 있다.

오늘날 민주주의의 주요 원칙들은 링컨의 게티즈버그 연설에 잘 요약되어 있다. 링컨이 제시한 민주주의의 세 원칙 가운데 '선언적' 의미의 첫 번째 원칙 즉 '국민의 정부'를 제외하면, 세 번째와 두 번째의 원칙 즉 '국민을 위한 정부'와 '국민에 의한 정부'가 민주주의의 핵심적 원칙이라고 할 수 있다. 민주 정부의 권력은 '국민에 의해', 의해 형성되어야 하며, '국민을 위해' 행사되어야 한다.

민주주의의 두 핵심적 원칙 가운데 하나를 놓치면, 결코 민주적 정체라고 할 수 없다. 그러나 현실은 적지 않은 위정자들이 '국민을 위한다'는 세 번째 원칙을 내세워 온갖 독재를 행한다. 또한 선거를 통해 집권했다는 두 번째 원칙을 앞세워 민주적 정체임을 강변한다. 여기서 세 번째 원칙과 두 번째 원칙은 그 각각이 민주주의의 충분조건(sufficient condition)이 아니다. 둘 중 하나를 결한 각각은 하나의 필요조건(necessary condition)에 불과하다. 하나의 필요조건에 불과한 '국민에 의한 정부'라는 두 번째 원칙을 앞세워 민주주의 정체임을 강조하는 데서 많은 혼란이 초래된다. 국민의 자유와 인권을 존중하지 않는 정부는 아무리 선거에 의해 집권했다 하더라도 결코 민주적 정체라고 할 수 없다.

민주주의라는 정치 체제는 결코 지고지순(至高至純)한 정체가 아니다. 민주적 방식은 특히 정책 합리성 측면에서 많은 문제점을 지닌다. 콕 집어 말하자면 민주적 방식은 정책 결정의 합리성, 결정의 지연 등의 면에서 적지 않은 문제점을 지닌다.

소크라테스(Socrates 또는 Sokrátis), 플라톤(Plato), 아리스토텔레스(Aristotle) 등 고대 그리스의 여러 철학자들도 고대 희랍의 민주적 정체에 대해 비판적이었다. 특히 지혜로운 철인왕이 다스리는 '철인정치'를 이상적 정치 체제로 여긴 소크라테스와 플라톤은 스파르타의 엘리트주의를 동경하였다.

당시 플라톤이 민주주의를 논하면서 사용한 '인민'(demos)의 의미는 오늘날과는 다르게 다수자를 가리키는 게 아니라, 평민과 가난한 자, 지체 낮은 자를 뜻하는 일종의 멸칭(蔑稱)이었다. 플라톤의 제자 아리스토텔레스도 민주정을 '빈민정치'로 비하하였다. 그는 쇠락해가는 아테네 민주주의를 보면서 다수 빈자들의 결정 속에 무모한 전쟁이 잇따랐다고 판단한 것이다. 아리스토텔레스는 그렇다고 군주정이나 귀족정을 옹호한 것도 아니다. 그에 따르면 참주정(僭主政, Tyrannos)[1]은 독재자 자신의 이익을 추구하였으며, 과두정(寡頭政, oligarchy)[2]은 부자의 이익을 대변하고, 민주정은

---

1) 참주정은 고대 그리스의 폴리스에서 비합법적이고 독재적인 방법으로 정권을 장악한 지배자 또는 그러한 정치 형태를 말한다. 오늘날의 용례에서 참주는 잔인하고 억압적인 독재자를 의미한다.

2) 과두정(寡頭政, oligarchy)은 자산, 군사력, 정치적 영향력 등을 지닌 소수의 사회구성원들에게 권력이 집중된 정부 형태를 말한다.

빈민의 이익을 좇았다는 것이다. 굳이 따지자면 아리스토텔레스가 이상적으로 여긴 정치체는 오늘날의 민주주의 정치체에 귀족정을 혼합한 형태라고 할 수 있을 것이다.

민주주의 방식은 그러나 자기교정력(自己矯正力)을 지니고 실패 가능성을 줄이는 등 많은 장점을 지닌다. 민주주의가 위기에 처했다고 주장하는 것은, 다른 말로 하면 '자유'와 '인권' 등 민주주의의 주요 가치들이 존중되지 않는다는 것을 뜻한다.

어느 시대에 있어서나 항상 그래 왔지만, 오늘날 적지 않은 정치학자들은 민주주의의 원칙들이 근본적으로 도전받고 있음을 경고하고 있다. 민주주의 연구의 권위자로 인정받는 하버드 대학의 스티븐 레비츠키(Steven Levitsky, 1968~)와 대니얼 지블랫(Daniel Ziblatt, 1972~)은 『민주주의는 어떻게 무너지는가(*How Democracies Die*)』라는 2018년도 공저에서, 선출된 정치지도자들이 어떻게 권력을 잡고 그들의 권한을 증대시키기 위해 어떻게 민주적 과정(democratic process)을 와해시키는지를 설명하고 있다. 즉 공저자들은 관례적인 민주주의 규칙들이, 민주적 수단들(democratic means)을 통해 어떻게 뒤엎어지는지를 설명하면서 그러한 상황이 벌어지지 않도록 방지하기 위해 어떻게 해야 하는지를 제안한다.

앞서 밝혔듯이 오늘날의 민주주의 담론에서 혼란이 초래되는 이유는 좁은 시각의 '선거'에만 초점을 둔 미시적(微視的) 접근이 이루어지면서, '국민 존중'이라는 핵심 가치를 놓치기 때문이다. '국민 존중'이라는 핵심 가치를 놓친 정체는 결코 민주적 정체라고 할 수 없다. 국민 존중은 그 속성 개념을 다양하게 나눠볼 수 있겠으나, 이 책에서는 '자유'와 '인권'을 그 대표 개념으로 삼아 논의를 전개하고자 한다.

사회를 구성하는 기초단위로서의 인민은 역사적으로 볼 때, '정치 · 사회적 자유'와 '경제적 자유'를 추구해 왔다. 정치 · 사회적 자유는 고대 사회 이래 민주주의라는 정치 · 사회 체제로 발전해 왔으며, 경제적 자유는 근세 이후 '자본주의' 경제 체제로 진화되었다. 정치 · 사회적 자유는 인권 존중의 기본 가치와 닿아 있다.

고대 아테네와 로마의 민주 제도 정착 과정과 명예혁명, 프랑스혁명, 아랍의 봄 등 전근대 민주화 운동의 전개 과정을 보면, 왕정 체제와 독재체제의 타도를 통한 민중의 진정한 '정치 · 사회적 자유' 확보가 민주화의 본질 가치임을 확인할 수 있다. 고대 아테네에서 도편추방제(陶片追放制)가 도입된 것도 민중의 자치(自治) 즉 자유의 확보를 위해 잠재적 독재자가 될 수 있는 (인기 있는) 정치지도자를 사전에 제거하기 위한 장치로 이해할 수 있다. 오늘날 대부분의 민주 국가들은 임기제를 통해 이 문제를 해결하고 있다.

이 책의 제1부에서는 '민주주의의 원칙과 본질들'을 살펴보고, 제2부에서는 '민주주의의 진화 과정'을 고찰하고자 한다. 그리고 제3부에서는 '피로 얼룩진 민주화 도정(道程)'을 고찰하고자 한다. 이어 제4부 '민주주의 위기의 일반적 징후들'에서는 세계 여러 사회에서 불거지는 민주주의에 대한 도전 징후들을 살펴보고, 제5부에서는 한국의 민주주의를 위협하는 구체적 문제점들을 고찰해 보고자 한다. 그리고 마지막 제6부에서는 "한국의 민주주의 회복을 위하여 – 민주 절차는 더디고 돈이 많이 들어도 좋다"를 살펴보고자 한다.

문명화된 사회에서 '월가를 점령하라!(Occupy Wallstreet)'는 시위[3]에서와 같이 평화적으로 진행되는, 즉 '타협을 통한 민주화(transplacement)'에 익숙한 현대인들은 민주화가 아무런 대가를 지

불하지 않고 거저 얻어진 것이라는 착각에 빠지기 쉽다. 그러나 역사적으로 살펴본 민주화 도정은 피로 얼룩져 있다. 가까이는 우리나라의 4·19 혁명과 5·18 민주화운동 과정에서 그 사례를 찾아볼 수 있다. 그리고 2010년 12월 중동과 북아프리카 지역에서 발발하여 전 세계로 확산된 반정부시위 즉 '아랍의 봄'에서도 찾아볼 수 있다.

오늘날 민주주의는 투표장에서 붕괴한다. 특히 눈부시게 발전하고 있는 정보통신(IT) 기술들은 민주주의의 근본적 도전들에 대한 사회구성원들의 경각심을, 사소한 기술적 문제로 환원시켜 무디게 한다.

이러한 관점에서 제4부에서는 민주 사회가 일반적으로 맞고 있는 위기의 보편적 징후들'을 살펴보고자 한다. 그리고 제5부에서는 도전받는 한국 민주주의의 구체적 사례들을, 선거 제도와 행태의 미시적 차원에서 구체적으로 다루어 보고, 마지막 제6부에서는 민주주의의 회복을 위한 과제들을 논하고자 한다.

4·19 혁명을 통해 한국의 민주화 과정을 좀 더 구체적으로 살펴보자. 3인조·5인조 팀을 짜 서로를 감시케 하고 공개 투표를 하게 하는 것은 물론 투표함 바꿔치기 등 부정 개표를 저지른 자유당 정권은 1960년의 4·19 혁명에 의해 무너졌다. 그 기억이 아직도 생생한데 한국의 이전 정부들에서 중앙정보부(오늘날의 국가정보원), 국군사이버사령부, 경찰청 등 국가기관을 동원한 여론 조작 사건들이 발생, 그 수장들이 사법적 단죄를 받는 일이 오늘날까지 빈발하고 있다.

---

3) 2011년 9월부터 11월까지 뉴욕 시의 월스트리트 지역 주코티 공원(Zuccotti Park)에서 진행된 시위.

근년 들어 특히 우리 사회에서 눈에 띄는 특징적 현상 가운데 하나는 정부 기관의 '부정선기 관여 및 조작'이 일상화되고 있으며, 발달된 과학기술이 교묘하게 활용되고 있다는 점이다. 사회 일각에서는 2020년 치러진 한국의 총선에서 '사전투표'(사전투표율 26.7%)를 통한 (통계적) 조작이 이루어졌다는 주장들이 정치권은 물론 일부 통계학자 등 전문가들에 의해 제기・확산되고 있다.

한국방송(KBS), YTN[4] 등 언론기관들은 여러 근거를 들어 사전투표조작설의 주장들이 '합리적이라고 할 수 없다'고 이를 부정하는 보도를 하고 있다. 그러나 박○○ 서울대 통계학과 명예교수 등 일부 통계 전문가들은 2020년 총선에서 나타난 통계치들이 부정선거 여부를 증명하는 것은 아니라고 하면서도, "각각의 사건이 일어날 확률이 극히 작은 상황에서 이들이 동시에 발생할 확률은 더더욱 작다고 하면서, 21대 국회의원 선거에서 통계적으로 이해하기 어려운 매우 희귀한 사건이 발생"하였다고 주장하고 있다.

2022년의 대통령 선거 과정(경선 포함)에서도 2020년과 유사한 '사전투표 조작설'이 대두・유포되었으나, 경찰과 검찰은 황○○ 전 국무총리, 민○○ 전 의원 등 사전투표 조작설 주장자들을 불기소 처분하였으며, 서울고법 형사6-3부(재판장 강경표)는 사전투표 조작설을 제기한 혐의로 기소된 박○○(63)씨에게 1심과 같이 무죄를 선고했다. 한편 대법원 제2부는 2022년 7월 28일 원고 측이 "부정선거 실행 주체 존부 등 구체적 증명 없이 의혹 제기에 그쳤다"고 하면서도, 민○○ 전 국회의원이 인천 연수구 선거관리위원회 위원장을 상대로 낸 국회의원선거 무효소송 관련 '주위적

---

4) YTN은 1993년 9월 14일 '연합 TV 뉴스'로 설립되었으며, 1993년 9월 28일 종합보도채널로 승인된 대한민국의 보도전문 채널이다.

청구 및 예비적 청구'[5])를 모두 기각한다고 판결했다. 민○○ 전 의원이 낸 국회의원선거 무효소송은 제21대 총선 전반에 부정선거 의혹이 있다는 이유로 제기된 140건의 소송 중 첫 판결이다.

사법부는 사회 일각에서 제기된 '사전투표 조작설'에 대해 '허위'라고 판단했으나, 선거 제도에 대한 비판적 의견 제기는 허용돼야 한다며 관련자들에게 무죄를 선고했다. 황○○ 전 국무총리 등은 대법원의 '21대 총선 무효소송' 기각 판결에 대해, "대법원이 '엉터리 판결'을 했다"며 비판하고 있다.

한국 사회 일각에서 제기된 '부정선거' 논란은 급기야 중앙선거관리위원장의 사퇴 압박까지 불러일으켰다. 2022년 3월 4일부터 이틀간 진행된 제20대 대통령 선거의 사전투표율이 역대 최고치인 36.93%를 기록하면서, 일부 선거구의 봉투에서 당시 여당 후보에게 사전 투표된 용지가 발견되는가 하면 코로나 확진자들의 기표지가 공식 투표함이 아닌 종이 박스와 쇼핑백에 담겨 이동되는 상황이 빚어지자 '부정선거' 의혹은 더욱 확산되었으며 사전투표를 거부하자는 운동까지 벌어졌다. 그러나 노○○ 중앙선거관리위원회 위원장은 2022년 3월 17일 선거관리위원회 전체회의에서 사퇴를 거부하였으며, 김○○ 사무총장의 사표를 수리하는 것으로 마무리하였다. 이에 대해 여러 언론기관들은 사설 등을 통해 선거관리위원회의 무능과 해이가 '부정선거' 논란을 자초했다고 비판했다.

---

5) 법원에서 재판을 할 때, '주위적 청구'는 원고가 먼저 판결을 구하는 청구원인을 말하며, '예비적 청구'는 주위적 청구가 기각될 경우에 대비하여 예비적으로 청구하는 청구원인을 말한다. 재판을 할 때는 먼저 주위적 청구에 대해 심리를 하고 이에 대해 원고승소 판결을 내릴 수 있으면 예비적 청구에 대해서는 심리를 하지 않고 판결을 하게 된다.

일단 선거가 끝나고 나면 집권 세력은 사회 일각에서 제기되는 부정선거 논란을 의도적으로 축소·은폐하려는 듯이 보인다. 이는 선거에서 승리하여 집권까지 한 마당에 굳이 부정선거 이슈를 들먹여 패자 측 지지자들을 자극할 필요가 있겠느냐는 현실적 판단 때문일 것으로 보인다.

한국의 국가정보원은 2023년 10월 10일, 한국인터넷진흥원(KISA)과 중앙선거관리위원회 등 3개 기관 합동으로 2023년 7월 17일부터 9월 22일까지 중앙선거관리위원회의 사이버 보안관리에 대한 합동 점검 실시 결과를 공개했다. 이날 백○○ 국정원 3차장은 "이번 점검은 기술적 측면에서 해커의 관점으로 시스템의 취약점을 확인한 것"이라며 "과거에 제기됐던 선거 관련 의혹들과 단순히 결부시키는 것은 경계해야 한다"고 하면서도, 점검 결과 선거관리위원회의 통합선거인명부시스템을 외부 인터넷을 통해 해킹할 수 있는 허점이 존재한다는 등의 사실을 확인했다고 밝혔다. 백 차장은 또한 이번 점검을 통해, '사전투표'를 하지 않은 유권자를 투표한 것으로 표시하거나 사전투표를 마친 유권자를 투표하지 않은 것으로 조작할 수도 있다는 사실과 아울러, 사전투표 용지에 인쇄되는 선관위의 청인과 투표소의 사인을 탈취해 사전투표용지를 무단으로 인쇄하는 것도 가능했다고 밝혔다. 국가정보원은 또한 선거관리위원회의 개표시스템 보안 관리가 미흡해, 후보자의 개표 결과를 조작하거나 투표지 분류기의 분류 결과를 바꾸는 것도 가능했다고 밝혔다.

중앙선거관리위원회는 그동안 보안 점검을 자체적으로 한 뒤 서면으로만 결과를 제출하고, 국가정보원(국정원)의 현장 점검을 거부해왔다. 국정원 관계자는 이번 점검에서 지난해 선관위가 100

점 만점으로 제출한 보안 점검 이행 여부를 점검했는데, 그 결과 중앙선거관리위원회는 국가기관 119곳의 평균 점수(81.9점)보다 현저히 낮고, 최하점(44.6점)에도 이르지 못하는 낙제점(31.5점)을 기록한 것으로 확인됐다고 밝혔다.

중앙선거관리위원회는 국정원의 이러한 발표에 대해 "다수의 내부 조력자가 조직적으로 가담하지 않고서는 이 같은 조작은 사실상 불가능한 시나리오"라고 입장문을 통해 반박했다. 중앙선거관리위원회는 이어 "기술적인 해킹 가능성만을 부각해 선거 결과 조작 가능성을 언급하는 것은 선거 불복을 조장해 사회통합을 저해하고 국민 불안과 사회 혼란을 야기할 수 있으며 선출된 권력의 민주적 정당성까지 훼손할 위험성이 있다"고 반박했다.

그러나 중앙선거관리위원회는 다른 한편 "2024년의 총선(국회의원 선거)에서 국민들이 안심하고 투표할 수 있도록 시스템 접근 제어 및 통제를 더욱 강화하고 보안 장비를 추가하는 한편, '보안 컨설팅 결과 이행 추진 태스크포스(TF)팀'을 구성해 개선사항 후속 조치 이행 상황 등을 확인 · 점검할 예정"이라고 강조했다.

2000년대 들어 우리 사회에서 확산된 부정선거 논란은 4 · 19 혁명을 초래한 1960년의 3 · 15 부정선거를 연상시킬 정도로 심각하다. 현시점에서 부정선거의 뿌리를 뽑는 확실한 조치를 통해 민주적 정치 질서를 확고하게 세워야 한다는 간절한 바람에서 필자들은 이 책을 집필하였다.

2024년 정초

저자 일동 씀

차례

제 1 부

민주주의 주요 원칙들과 본질

1 민주주의란 무엇인가?

민주주의(democracy)는 고대 그리스어에 기원을 두고 있다. 즉 민주주의는 민중(demos)이 지배(kratos)하는 정치체제를 말한다. 링컨도 갈파하였듯이, 이러한 민주주의는 인민을 위해(for the people) 정치권력이 행사되어야 한다. 이는 민주주의의 궁극적 목표를 상징적으로 나타낸 말이다. 그러나 정치권력이 국민을 위해 행사되어야 한다는 점은 독재 권력들도 한결같이 강조·표방한다.

링컨(Abraham Lincoln, 1809~1866)은 1863년 11월 19일 게티즈버그(Gettysburg)에서 행한 2분짜리 짧은 연설을 통해, "국민의, 국민에 의한, 국민을 위한 정부는 이 지상에서 결코 사라지지 않을 것(Government of the people, by the people, for the people shall not perish from the earth)"이라고 선언하였다. 링컨은 이 연설을 통해 민주주의의 원칙들을 천명한 것이다.

링컨이 제시한 세 원칙 가운데 선언적·총괄적 의미를 담은 첫 번째 원칙 즉 국민의 정부(government of the people)를 제하면, 세 번째 원칙과 두 번째 원칙 즉 '국민을 위한 정부(government for the people)'와 '국민에 의한 정부(government by the people)'가 민주주의의 본질이라고 할 수 있다.

민주주의의 두 본질적 원칙 가운데 하나를 놓치면, 결코 민주적 정체라고 할 수 없다. 적지 않은 위정자들은 '국민을 위한다'는 세 번째 원칙을 내세워 온갖 독재를 행한다. 또한 선거를 통해 집권했다는 두 번째 원칙을 앞세워 민주적 정체임을 강변한다. 여기서 세 번째 원칙과 두 번째 원칙은 그 각각이 민주주의의 충분조건(sufficient condition)이 아니다. 둘 중 하나를 결한 각각은 필요조건(necessary condition)에 불과하다. 오늘날 민주주의 담론에서 혼란이 초래되는 것은 필요조건에 불과한 '국민에 의한 정부'라는 두 번째 원칙을, 의도적으로, 충분조건인양 앞세우기 때문이다.

조선(朝鮮)과 같은 동양적 정체에서는 절대 권력을 부여받은 통치자들이 자의적으로 권력을 행사하지 못하도록 어릴 때부터 경연(經筵) 등을 통해 끊임없이 단련되고 견제받는다. 경연은 고려·조선시대에 임금이 유학의 경서를 강론·연마하고 신하들과 더불어 국정을 협의하던 행사를 말한다. 고려시대에는 서연(書筵)이라 칭했으나 공양왕 때 경연으로 명칭이 바뀌었다. 서연이란 명칭은 세자를 교육하는 자리라는 의미를 지닌다.

경연은 전한(前漢)의 제9대 황제 선제(宣帝, BC 91~49)가 유학자들에게 유교 경전(오경)을 강의하게 한 것에서 유래한다. 이후 송나라 태종 때 경연이라는 개념이 확립되었으며, 고려 조에서 받아들인 것으로 알려지고 있다. 그러나 정작 중국에서는 원나라 이후 형식적인 행사로 그친 반면, 고려-조선에서는 유교의 이상정치를 실현하려는 것을 목적으로 한 중요한 정치 행사로 자리잡았다.

경연은 대부분 신하가 군주에게 유교 경전을 '가르치는' 형태로 이루어졌으나, 그 과정에서 군주의 실책이나 정책 계획에 대한 비판이 자주 가해졌다. 조선왕조실록을 보면 경연에서 왕과 신하의 다툼이 비일비재하였다는 기록이 남아 있다. 즉 경연은, 정치적 측면에서 볼 때, 왕권을 제한하고 신권을 유지하는 견제 효과를 지녔다는 것을 알 수 있다.

그러나 동서양을 막론하고 막강한 권한을 지닌 군주들이 궁극적으로 절대 권력을 행사하였다는 점에서, 민주적 정체와는 거리가 있다고 하겠다.

오늘날의 민주주의는 링컨이 게티즈버그 연설에서 주창한 바, "국민의, 국민에 의한, 국민을 위한 정부"로 요약된다. 여기서 민주주의의 본질적인 요소는 정치권력이 국민의 뜻에 따라 형성되어야 한다는 점이라고 하겠다. 역사상의 많은 사회가 민주주의를 부르짖었으나, 대부분의 사회에서 정치권력은 국민의 뜻에 따라 형성되지 않아 왔다. 다른 말로 하면, 민주적 방식보다는 비민주적 방식으로 정치권력이 형성되고 행사된다.

20세기의 위대한 정치사회학자 베버(Maximilian Carl Emil Weber, 1864~1920)는 1919년 뮌헨 대학의 학생 집회에서 행한 고전적 연설 '직업으로서의 정치(Politik als Beruf)'에서 세 가지 유형의 지배에 대해 언급했다. 그는 지배 유형을 전통적 지배(traditional domination), 카리스마적 지배(charismatic domination), 합리적·합법적 지배(rational-legal domination)의 세 가지로 구분하였다.

전통적 지배는 전통적으로 전해 내려오는 질서와 권력의 신성성(神聖性)에 대한 믿음에 기초하는 지배 유형을 말한다. 즉 전통에 의해 신성화된 지배자의 권위에 대하여 피지배자가 복종하는 특징을 지닌다. 카리스마적 지배는 지도자의 카리스마에 대한 추종자들의 자발적 복종을 통해 정당성이 획득되는 지배 형식이다. 카리스마는 예언이나 기적을 행할 수 있는 초능력이나 절대적인 권위, 신의 은총을 뜻하는 그리스어 'Kharisma'에서 유래한 말로 오늘날에는 사람을 끌어들이는 특별한 자질을 의미하는 말로 널리 사용된다. 합리적·합법적 지배는 법에 의한 지배를 말한다. 이때 법은 피지배자의 동의에 근거한 법으로서 피지배자와 지배자의 동질성에 지배의 정당성을 둔다.

오늘날의 민주주의는 합리적·합법적 지배에 기반한다. 즉 현대 민주 정치는 합법성(Legalität)에서 지배 정당성의 근거를 찾는다. 그러나 선거에 의해 지배자를 선출하는 오늘의 민주적 정치 행태는 역사가 그렇게 길지 않다. 베버에 의하면, 이 세 가지 유형은 순수한 형태로 나타나는 경우가 거의 없으며, '계층적 발전 순서'로 나타난다. 베버는 국가는 카리스마적 지배에서 전통적 지배로 발전하고, 다시 현대 자유 민주주의의 특징인 합리적-법적 지배에 도달한다고 한다.

앞서 말했듯이 현대 민주주의의 역사는 그리 오래되지 않았으며, 오늘날의 국가 가운데 민주적 방식으로 권력을 형성하고 행사하는 나라는 생각보다 많지 않다. 특히 정보통신기술(IT)의 발달과 통계조작 기술의 발달로 인한 여론 조작 및 선거 조작이 일상화되고 있는데 비해, 그에 대한 유권자들의 경각심은 과학의 이름으로(?) 점차 옅어지고 있다.

'라타나와 민주재단동맹(Latana and the Alliance of Democracies Foundation)'이 50여 개국을 대상으로 한 '민주주의 인식지수(Democracy Perception Index: DPI)' 조사 결과(2022년 5월 30일 발표)에 따르면, 조사 대상자의 41%가 자신의 나라에서 민주적 절차가 도전받고 있는 것으로 인식하고 있다고 답하였다. 또한 영국의 시사주간지 이코노미스트의 부설 조사기관인 이코노미스트 인텔리전스 유닛(The Economist Intelligence: EIU)이 매년 조사하여 발표하는 '민주주의 지수(Democracy Index)'의 2019년 자료는 조사대상 167개 나라 가운데 20개국을 '완전한 민주주의 국가(full democracies)'로 분류하였다. 나머지 147개국은 '불완전한 민주주의 국가(flawed democracies)', '혼합 체제 국가(hybrid regimes)' 및 '권위주의 체제 국가(authoritarian regimes)'로 분류되었다.

결론적으로 얘기하자면, 오늘날 지구상에서 민주주의를 곧이곧대로 시행하는 나라는 많지 않다. 즉 '민주집중제'[1] 등 다양한 '의사민주주의(pseudo-democracy) 체제'가 등장하면서, 투표의 형식을 빌어 장기 집권을 하는 적지 않은 독재자들이 민주적 정체임을 강변하는 것은 선거를 통해 집권하였다는 하나의 필요조건을 충분조건인 양 내세우기 때문이다. 이와 같은 상황에서 '민주주의'라는 두루뭉수리한 개념은, 이제 민주주의가 추구하는 가치 개념까지 포함한 정교한 개념으로 다듬어지고 진화되어야 한다. 즉 인민의 자유와 인

1) 민주집중제(democratic centralism)는 민주주의와 중앙집권제를 합친 체제를 말한다. 사회주의 국가에서는 민주집중제를 프롤레타리아 독재와 사실상의 동의어로 사용하고 있다. 마르크스와 엥겔스는 「독일 이데올로기」에서 민주집중제를 '공산주의 사회로 가는 징검다리인 프롤레타리아 독재 시기에 일시적으로 실행해야 하는 중앙집권제'로 표현했다.

권을 중시한다는 또 다른 필요조건을 충족시킬 경우에만 온전한 민주적 정체로 규정되어야 한다. 이 책의 제목에서 밝혔듯이, '국민 존중' 없는 민주주의는 허구인 것이다.

2 민주주의의 주요 원칙들

민주주의에 관한 연구 문헌들을 보면 민주주의를 뒷받침하는 핵심적 요소를, '원칙들(principles)', '주요 가치들(principles)'과 '핵심 요소들(essential elements)', '헌법적 기둥들(constitutional pillars)' 등 다양한 용어로 표현하고 있다. 그리고 그 가짓수도 학자에 따라 달리 제시된다.

예를 들어 민주주의 연구 전문가로 하버드 대학에서 미국사를 가르치는 클로펜버그(James T. Kloppenberg, 1951~) 교수는 '민주주의'라는 용어는 논쟁을 불러일으키는 모호한 개념으로, 국민주권(popular sovereignty), 자치(autonomy) 및 평등(equality)의 세 원칙을 담고 있다고 주장한다. 그는 2016년의 저서 『민주주의를 향하여(*Toward Democracy*)』에서 민주주의의 '원칙(principles)'으로 이 세 가지를 제시하였다(Kloppenberg, 2017). 그 밖의 다른 많은 민주주의 연구자들은 민주주의의 원칙들로 주권재민, 법치주의, 자유주의로 설명하고 있다.

또한 다른 일단의 학자들은 '민주주의의 원칙 및 가치(democratic principles and values)'라는 복합 개념 아래 민주주의와 관련된 원칙들과, 추구하는 가치들을 뒤섞어 망라적으로 소개하고 있다. 즉 민주주의의 원칙은 여러 학자들에 의해 각자의 기준에 따라, 그리고 각 나라에서 중시하는 원칙과 가치들을 중심으로 망라적으로 나열된다. 예를 들자면 '민주주의의 14가지 원칙'이라는 개념으로, (1) 시민 참여, (2) 평등, (3) 책임성(accountability), (4) 투명성, (5) 정치적 관용, (6) 다자간 시스템, (7) 권력 남용에 대한 통제, (8) 경제의 자유(freedom of economy), (9) 권리장전(bill of rights), (10) 인권(human rights), (11) 자유롭고 공정한 선거(free and fair elections), (12) 자유법원(free courts), (13) 선거 결과 수락(accepting election results), (14) 법의 지배 등을 제시하기도 한다.

그러나 여기서 그 모든 것을 일일이 소개하는 것은 큰 의미가 없을 것으로 생각된다. 따라서 이 책에서는 민주주의의 주요 원칙 가운데 공통적으로 소개되는 주요 원칙들을 중심으로 소개하고자 한다.

민주주의가 추구하는 가치로는 논자의 가치관에 따라 평등(equality), 자유(freedom), 정의(justice), 다원주의(pluralism), 인권(human rights), 관용(tolerance), 참여(participation) 등이 다양하게 제시된다. 그 밖에 민주주의의 '원칙과 가치'라는 개념으로 다수 지배와 소수의 권리(majority rule, minority rights), 다당제(multi-party system), 자유언론(free press), 법치(rule of law), 입법권(legislative power)과 사법권의 독립(independent judiciary system), 헌정주의(constitutionalism), 언론의 자유(freedom of speech), 공정하고 자유로운 선거(pair and free elections), 연대와 타협에 의한 통치(governing by coalitions and compromise) 등이 망라적으로 제시되기도 한다.

오늘날의 저명한 민주주의 연구자인 스탠퍼드 대학 '프리맨 스포글리 국제문제연구소(Freeman Spogli Institute for International Studies)'의 선임연구원인 다이아몬드(Larry Jay Diamond, 1951~)는 민주주의 사회의 '기본권'에 대해 (1) 선택권, (2) 참정권, (3) 인권, (4) 평등 법칙의 네 가지로 설명하고 있다. 여기서 (1) 선택권은 자유롭고 공정한 선거를 통해 정부를 선택하고 교체할 수 있는 정치 제도에 국민들이 참여할 수 있는 권리를 말한다. 그리고 민주주의 사회에서는 (2) 참정권 즉 정치 및 시민 생활에 국민들이 적극적으로 참여할 수 있는 권리가 보장되어야 하며, (3) 모든 국민의 인권이 보장되어야 하며, (4) 모든 국민에게 법률 및 절차가 동등하게 적용되는 평등 법칙이 적용되어야 한다고 주장했다. 즉 진정한 민주 사회에서 특히 인권과 평등법칙은 누구나 누릴 수 있는 기본권이라는 것이다.

한편 다른 일단의 학자들은 '민주주의의 조건'이라는 개념으로 국민복지(welfare), 인권(human right), 평등(equality), 자유(freedom), 정의(justice) 등을 주창하기도 하며, 그밖에 다당제(multi-party system), 자유 언론(free press), 법치(rule of law), 다원주의(pluralism), 관용(tolerance), 참여(participation), 입법권(legislative power)과 사법권의 독립(independent judiciary system), 헌정주의(constitutionalism) 등을 제시하기도 한다. 여러 복합적 개념들이 사용됨으로써 혼란스럽기 짝이 없다.

누차 얘기한 바와 같이, 이러한 원칙과 가치에는 민주주의가 추구하는 궁극적 가치들과 민주주의의 조건 및 민주적 정치체제 운영의 원칙 등이 다양하게 혼재되어 있다. 그것을 재범주화하면, (1) 국민주권의 원칙, (2) 자유와 평등, 복지의 추구, (3) 법치 및 권력 분립의 원칙 등 몇 개의 집단으로 범주화할 수 있을 것이다. 이 책에서는 (1) 주권재민의 원칙과 (2) 민주주의의 가치 두 집단으로 범주화하여 설명하고자 한다.

(1) 첫 번째, '국민주권' 또는 '주권재민'의 원칙은 국가와 정부의 권위가 정치권력의 원천인 국민들의 동의에 의해 창출되고 유지되어야 한다는 원칙을 말한다. 다른 말로 하자면 국민주권의 원칙이란, 모든 권력은 국민으로부터 나온다는 것을 의미한다. 즉 한 나라의 정치 형태와 구조를 결정하는 가장 중요한 권리와 힘이 국민에게 있음을 의미한다. 민주주의를 실현하기 위해 필요불가결한 국민주권. 주권재민은 민주적 정치의 기본 원리로 민주체제를 작동 가능하게 하는 다양한 하위 원칙들이 포함된다.

이에는 정치권력은 국민 참여(participation)에 의해 형성되어야 한다는 참여의 원칙과, 다수결(majority rule) 원칙, 일체의 선거는 관권의 개입없이 공정하고 자유롭게 치러져야 한다는 '공정하고 자유로운 선거(pair and free elections)'의 원칙, 자치(autonomy), 헌정주의(constitutionalism) 등 다양한 하위 원칙들이 포함된다. 대한민국헌법은 제1조에서 "대한민국은 민주공화국이다고 규정한 뒤, 대한민국의 주권은 국민에게 있고 모든 권력은 국민으로부터 나온다."라고 규정하고 있다.

다수결 원칙은 선거와 회의 등 정치적 의사결정에서 많은 사람이 찬성하는 쪽으로 의사를 결정하는 것을 말한다. 이러한 다수결 원칙은 다른 한편 다수의 횡포를 통해 정치적 패권주의가 형성됨으로써 다수가 소수를 배제할 수 있다는 점 즉 다수에 의한 독재의 문제점, 구성원들이 기존 질서를 중시하는 경향이 강하다는 점 등의 함정이 문제점으로 지적된다. 따라서 다수결 원칙에는 항상 '소수의 권리(minority rights)'가 병기된다. 현실 사회에서 민주주의는 다수결과 동의어처럼 사용된다. 그러나 '침묵하는 다수(silent majority)'의 문제도 있고, 51%의 다수가 나머지 49% 구성원들을 압제하고 착취한다면 그것을 결코 민주 사회로 볼 수 없다. '다수의 지배'가 무차별적 결정 원리가 된다면, 그것은 다수에 의한 독재 이상 아무것도 아닌 것이다.

오늘날 세계 모든 나라는 '국민주권'의 원칙을, 헌법을 구성하는 가장 중요한 원칙으로 명시하고 있다. 미국의 독립선언문 기안자인 프랭클린(Benjamin Franklin, 1706~1790)도 이를 강조하고 있다. 자유정부에서 통치자는 주권자인 국민의 하인(servants)인 것이다.

'국민주권'의 원칙 가운데 가장 본질적인 원칙은, 일체의 선거는 관권의 개입없이 공정하고 자유롭게 치러져야 한다는 '공정하고 자유로운 선거(pair and free elections)'의 원칙이라고 할 수 있다. 이러한 본질적인 기본 원칙이 지켜지지 않는다면, 다른 일체의 부수적 원칙들은 의미를 갖지 못한다.

민주주의는 그 정의에 따르면 정부의 미래 설계 등 정치적 의사 결정은 국민 참여에 의해 이루어져야 한다. 참여 방식은 직접민주주의 방식과 대의민주주의 방식으로 나누어볼 수 있다. 오늘날 대부분의 정치체제는, 단위가 작은 일부 정치체를 예외로 한다면, 대부분 대의민주적 방식 즉 간접민주주의 방식으로 운영되고 있다. 참여는 선거 당일의 투표뿐만 아니라, 일상적인 정치적 의사 결정에서

상시적으로 이루어질 수 있다.

다음으로는 '법치', '법의 지배 원칙', '권력분립', '입법권의 존중', '독립된 사법 체계', '언론 자유 등' 등 민주적 정치체제의 실제적 운영 원칙으로서의 차하위 원칙을 말할 수 있다. 이러한 차하위 원칙들은 '국민주권의 원칙'으로부터 파생된 원칙으로, 그 속에 포함시켜 논의될 수도 있을 것이다. 민주주의 사회는 법의 지배 하에 운영된다. 이는 국가의 법률이 모든 사람에게 동등하게 적용되어야 하며 모든 사람, 특히 정부의 일 처리는, 베버가 지배 유형에서 언급하였듯이, 법규에 의해 이루어져야 함을 의미한다. 적용 범위를 넓혀 말하자면 정부뿐만 아니라 사회구성원 모두의 권리와 자유 및 민주적 절차는 존중되어야 한다. 유럽 연합(EU) 구성원들의 인권을 감시하는 기관인 '유럽 시민 자유 연합(Liberties)'은, 비록 유럽연합에 한정된 얘기이기는 하나, 많은 회원국에서 여러 우려되는 추세가 발견되고 있다는 보고서를 발표한 바 있다.

'법치' 또는 '법의 지배 원칙'은 권력분립(separation of powers), 입법권(legislative power)과 사법권의 독립(independent judiciary system) 및 헌정주의(constitutionalism) 등과 연결되어 운위된다. 현대 민주주의 사회에서 사법주의와 연관되어 있는 헌정주의는 권력분립, 법의 지배, 개인의 자유 보장 등 3요소에 기반한다.

(2) 민주주의의 목적 및 가치로서, 민주주의는 국민복지(welfare), 평등(equality), 자유(freedom), 정의(justice), 다원주의(pluralism), 관용(tolerance) 등을 추구하여야 한다. 이는 링컨의 소위 '국민을 위한(for the people) 정부'에 해당된다.

한편 '민주주의의 조건'이라는 개념을 사용하여, 민주주의 국가가 되려면 최소한 '(1) 국민의 기본권 존중, (2) 권력의 전제화를 억제할 여러 중요한 정치제도 확립'이 충족되어야 한다고 주장되기도 한다. 이러한 두 조건을 충족하지 못하는 국가는 결코 민주주의 국가로 불릴 수 없다고 하면서.

앞에서 언급된 다양한 논의들을, 링컨의 말을 빌려, 다시 한번 정리하자면 다음과 같다. 링컨이 제시한 세 원칙 가운데 '국민을 위한 정부'와 '국민에 의한 정부'가 민주주의의 본질적 요소라 할 것이다. '국민을 위한 정부'는 민주주의가 추구해야 할 목표로서의 가치를 나타낸 것이며, '국민에 의한 정부'는 그 구현 절차를 규정한 것으로 볼 수 있다. 민주적 정체는 '국민에 의한 정부'다. 오늘날에는 선거에 의해 정치 권력이 형성된다. 두 번째 민주적 정체는 국민 의사를 존중해야 한다. 개념을 나누어 얘기하자면 인민의 '자유'와 '인권'을 존중하는 정부여야 한다.

민주주의의 두 본질적 원칙 가운데 어느 하나라도 놓치게 된다면, 결코 민주주의라 할 수 없다. 적지 않은 장기집권 독재자들은 선거에 의해 집권했다는 절차적 명분을 내세워 민주적 정체임을 강변한다. 또한 역사상의 어떠한 지도자도 '국민을 위한다'는 명분을 앞세우지 않은 위정자는 없다. 물론 그 진위(眞僞)는 때 묻지 않은 지성인들에 의해 가려져야 하겠지만. 두 원칙 가운데 각기 하나는 필요조건일 뿐이다. 민주주의의 충분조건이 되자면 양자를 모두 충족시켜야 한다.

민주주의 관련 담론이 혼란스러운 것은, 하나의 필요조건을 충분조건으로 전제(前提)하기 때문이다.

3 민주주의의 본질에 관한 논의

앞에서 살펴본바 민주주의의 충분조건은, '국민에 의한 정부' 즉 투표에 의해 정치권력이 형성되어야 하고, 그 권력은 '국민을 위해' 행사되어야 한다는 것이다. 이 두 조건 가운데 어느 하나를 결한 정치체제는 결코 민주적 정체라고 할 수 없다. 오늘날 민주주의에 관한 다양한 정치적 담론에서 혼란이 초래되는 것은 민주주의의 '필요조건'과 '충분조건'을 혼동하기 때문이다.

"민주주의는 투표장에서 붕괴한다"는 언급에서 보듯이, 민주주의 체제를 유지하는 주된 메커니즘은 투표다. 그러나 투표는 어디까지나 하나의 필요조건에 불과하다. 여기에 민주주의의 핵심 가치(核心價値, core value)인 '국민 존중'이라는 목표가 더해져야 민주주의의 충분조건이 충족된다. '국민 존중'이라는 목표 가치를 구성하는 중심적 속성 개념으로는 '자유'와 '인권'을 들 수 있다.

민주 정체를 구성하는 두 필요조건을 쉬운 말로 연결하여 합하면, "민주 정체는 투표에 의해 확립·구성된 정치 권력이 인민의 자유와 인권을 위해 행사되어야 한다"고 할 수 있다. 역사상 그리고 오늘날 세계 여러 곳에서 쉽게 찾아볼 수 있는 장기 독재정권들처럼 인민의 자유와 인권을 짓밟으면서도 선거에 의해 집권했다는 점을 내세워 민주적 정체임을 강변하는 정권은 결코 민주주의를 한다고 할 수 없다. 선거에만 초점을 두어 민주주의를 단순하게 규정하는 데서 나아가, 목표 가치인 핵심 가치까지를 포함한 '자유민주주의'로 개념을 진화시키는 것이 민주주의 담론의 혼란을 걷어내는 길일 것이다.

핵심 가치는 무엇인가 생각하고 행동하고 의사결정을 하는 기준을 말한다. 즉 핵심 가치란 '개인 또는 전체 구성원이 공통적으로 인지하고 있는 의사결정의 판단 기준'을 말한다. 핵심 가치는 조직뿐 아니라 개인 차원에서도 중요하다. 핵심 가치의 역할은 크게 2가지로 나눠볼 수 있다. 핵심 가치는 첫째, 조직구성원 공통의 판단 기준이 된다. 조직구성원들은 임무를 추구하는 과정에서 다양한 상황에 직면하게 되고 그때그때 최선의 의사 결정을 해야 한다. 이때 핵심 가치가 무엇이 중요한지를 판단하는 기준이 되어준다. 둘째, 핵심 가치는 조직구성원 공통의 행동 방향을 제시한다. 핵심 가치는 공동의 판단 기준이므로, 이에 근거한 공통된 행동 방향 역시 알려준다.

민주주의의 목표 가치 가운데 하나인 자유(libety, freedom)는 인민 개개인이 자신의 의지대로 행동할 수 있는 상황을 말한다. 민주사회에서 구성원 개개인은 자신의 의지대로 국가 권력을 형성하고 행사할 수 있어야 한다.

자유의 개념은 단순히 '외부로부터 속박이 없는 상태'를 가리키는 즉, '~로부터의 자유'를 가리키는 '소극적 의미'의 자유와, '자신이 하고자 하는 바를 적극적으로 행할 수 있는 상태'를 의미하는 '적극적 의미'의 자유로 나눌 수 있다.

자유의 개념은, 다른 사람의 의지에 따르는 것이 아니라 스스로의 의지에 따라 행동하는 것으로 규정된다. 이러한 '자유'의 개념이 고대 그리스와 로마 그리고 중세 왕정 시대의 억압으로부터의 해방사상을 이끌어 민주주의 혁명을 일으키게 되었다. 고대 사회에서는 오로지 국왕 한 사람만이 자유로웠고 중세엔 소수의 귀족만이 자유를 누렸지만, 근대엔 프랑스혁명으로 만인이 자유로울 수 있게 되었다.

헤겔에 있어 '자유'란 권력과 부와 명예가 만인에게 평등하게 배분되는 것을 의미했다. 인류 역사에서 수많은 혁명을 경험하면서 자유가 만인의 자유, 즉 소수의 기득권자만 누리는 자유가 아니라 모든 사람이 향유하는 '사회적 자유'라는 인식이 뿌리내렸다. 이때 얘기하는 자유는 개인주의적 자유가 아니라 진화·발전한 정치·사회적 자유를 말한다. 다른 말로 하면 평등을 전제로 한 자유다.

'정치적 자유'는 특히 국민이 선거 및 피선거의 권리를 지니고 투표에 참여하고 대표를 선출하여 정부를 구성할 권리를 갖는 자유를 의미한다. 이같은 정치적 자유는 근대민주주의 국가에 있어서 가장 중요한 핵심 가치의 하나가 되었다. 그러나 '핵심 가치'로서의 '자유'가 강조되지 못하고 '정치적 자유'라는 복합 개념 속에 묻혀 버리게 될 경우, '정치적 자유'는 결국 민주주의의 한 '필요조건'에 불과하게 된다.

진정한 민주주의 정치체제가 확립되기 위해서는, 그 핵심적 가치로서의 '자유'가 구성원의 가치 체계 속에 육화(肉化)되어야 한다. 이러한 근거에서, 여러 한계를 지닌 '(고전적) 민주주의'라는 단순 개념은, '자유민주주의'라는 보다 정제(整齊)되고 진화된 용어로 바뀌어야 할 것이다.

자유민주주의는 자유주의에 입각한 민주주의 사상을 말한다. 즉 자유민주주의는 자유주의와 민주주의가 결합된 정치 원리 및 정부 형태를 말한다. 자유주의와 민주주의는 근대 시민혁명 이래 다 함께 군주제에 반대한다는 공통점을 지녔으나, 자유주의는 개인의 권리를 보호하고 자유를 핵심가치로 삼는 데 비해, 민주주의는 다수 대중에 의한 통치를 추구한다는 점에서 서로 다르다. 진정한 민주주의는 자유주의를 전제로 하여야만 가능하다. 즉 민주주의는 자유주의와 결합해야만 의미를 지닐 수 있다.

이탈리아의 법철학자이자 정치학자인 보비오(Norberto Bobbio, 1909~2004)는 자유주의는 민주주의에 의해서 보장되고, 민주주의는 자유주의에 의해서 보장된다고 주장한다. 그는 자유 없는 민주주의는 공산주의처럼 망하고, 민주주의 없는 자유주의는 폭주한다고 주장한 것이다.

물론 현실 사회에서는 '개인의 자유'와 공익 확보를 위한 민주주의의 '다수결 원칙'이 충돌하는 경우가 적지 않으며, 자유주의와 민주주의를 분리해서 봐야 한다는 시각이 없는 것도 아니다. 초기의 자유주의는 민주주의와 결합되지 않은 사상이었으며, 오히려 상당수의 초기 자유주의 사상가들은 자유주의적 가치의 보호를 위해 민주주의를 거부해야 하거나 혹은 적어도 제한해야 한다고 생각했다.

서구 학자들은 '비자유민주주의(illiberal democracy)'를, '형식적'

으로는 민주정을 가장(假裝)하지만 개인의 자유를 보장하지 않는 정치체제로 정의하여 '자유민주주의'와 구분하고 있다. 다수의 인민에 의한 지배는 결국 전체주의로 흐르고 소수에 대한 자유 침해로 이어진다는 것이 자유주의자들의 생각이며, 파시즘과 공산 독재 등 독재의 사례들을 볼 때 이러한 주장은 타당성을 지닌다.

비자유민주주의에 대한 학자들의 합의된 정의(定義)는 없으나 일반적으로 "민주적 제도와 절차 뒤에 비민주적인 관행을 숨기는 통치 체제(a governing system that hides its nondemocratic practices behind formally democratic institutions and procedures)"를 뜻하는 것으로 이해된다. 정치학에서 '비자유주의적 민주주의'는 "선거에 관심을 기울이긴 하나 그것을 범하는, 즉 선거가 없는 기간 동안 '표현의 자유'와 같은 '핵심적 민주주의 원칙들(core democratic principles)'을 범하는 정치체"로 규정한다. 파이낸셜 타임스는 2017년 8월 18일 자 보도에서, 모디(Narendra Damodardas Modi, 1950~) 총리[1]의 비자유주의적 표류(illiberal drift)가 인도의 민주주의를 위협한다고 지적했다.

비자유주의적 민주주의 국가의 통치자들은 그들의 권력에 대한 헌법상의 한계를 무시하거나 우회할 수 있다. 자유민주주의 국가는 개인의 자유와 권리를 보호하지만, 비자유민주주의 국가는 그렇지 않다. 비자유민주주의 국가에서 선거는 종종 조작되거나 현직 대통령을 합법화하고 그의 권력을 공고히 하는 데 사용된다.

'비자유민주주의'라는 용어는 벨(Daniel A. Bell) · 브라운(David Brown) · 자야수리야(Kanishka Jayasuriya) · 존스(David Martin Jones)가

1) 모디는 2014년 5월 이래 집권하고 있는 인도의 14대 수상이다.

1995년 공저한 「아시아태평양의 비자유주의적 민주주의를 향하여(Towards Illiberal Democracy in Pacific Asia)」에서 도출되었다. 공저자들은 이 책에서 자유민주주의가 경제 현대화의 불가피한 결과라는 견해에 도전한다. 그들은 즉 아시아태평양 지역의 안정적이고 번영하는 사회에 초점을 맞추면서 현대의 정치 체제는 위계, 가족주의 및 조화의 가치에 의해 정당화된다고 주장한다. 정치적 자유주의에 대한 서구의 이해와 그것이 촉진하는 의사소통 민주주의와 분명히 대조되는 배열. 이익 집단에 의한 시민 사회의 자율성 요구로 인한 정치적 변화 대신 아시아에서 민주주의의 실현은 주로 사회 경제적 변화를 관리하기 위한 국가 전략으로 보아야 한다고 그들은 주장한다.

정치철학자 벨은 이 책의 '유교(Confucianism)'라는 장(章)에서 (고전적) 민주주의의 대안으로 비자유주의적 접근을 제안한다. 이 책의 공저자들은 후쿠야마의 역사 종말 테제에 도전하면서, 태평양 아시아 지역이 '자유민주주의'로 수렴한 것이 아니라 '비자유주의적'인 방향으로 전환했다고 반박한다.

'비자유주의적 민주주의'라는 개념을 대중화시킨 인도 태생의 미국 언론인 자카리아(Fareed Zakaria, 1964~)[2]는 비자유주의적 민주주의 국가들은 전 세계적으로 증가하고 있으며, 그들이 대표하는 사람들의 자유를 점점 더 제한하고 있다고 지적한다. 자카리아는 입

2) 인도계 미국인으로 저널리스트, 정치 평론가, 작가이다. 그는 CNN의 Fareed Zakaria GPS의 진행자로 The Washington Post, 뉴스위크의 칼럼니스트로 활동하고 있으며, 또한 뉴스위크 인터내셔널의 편집자, 타임지의 편집자이기도 하다.

헌적 자유주의(constitutional liberalism)가 없는 민주주의는 중앙집권적 체제, 자유의 침식, 민족 경쟁, 사회적 갈등 등을 낳고 있다고 주장한다. 그는 인도를 지구상에서 가장 큰 '비자유주의적 민주주의 국가'라고 주장했다.

자카리아는 서구에서 선거 민주주의(electoral democracy)와 언론, 종교 등 시민의 자유(civil liberties)가 함께 간다고 지적한다. 그러나 그는 전 세계적으로 두 개념이 분리되고 있다고 지적한다. 민주적 관행과 독재적 관행이 결합된 정치체제로서의 하이브리드(hybrid) 정권에서 야당은 합법적으로 선거에서 경쟁할 수 있지만, 견제와 균형 시스템이 작동하지 않는다.

자카리아는 '비자유민주주의'라는 용어를 처음에는 '사이비 독재정권'과 같은 의미로 사용하였다. 그는 오늘날 비자유주의적 민주국가(독재정권)들이 정권을 공고히 하기 위해 어떻게 자유주의 경향을 보여주려고 하는지를 설명한다.

자카리아는 2015년의 CNN 보도에서 에르도안(Recep Tayyip Erdoğan, 1954~) 대통령 하의 튀르기예가 '비자유주의적 민주 국가'의 교과서가 되었다고 주장했다. '스톡홀름과도경제연구원(Stockholm Institute of Transition Economics: SITE)'의 조교수 메이어선(Erik Meyersson)은 프리덤하우스의 자유 척도(Freedom House's measure of liberty)를 이용한 2015년도 선거민주주의(electoral democracies) 측정에서 튀르기예가 꼴찌(가장 낮은 자유도)를 차지했다고 밝혔다. 그는 정치경제학자로 중동, 그중에서도 튀르기예에 특별한 관심을 갖고 있다.

헝가리 수상 오르반(Viktor Orbán, 1963~)은 2014년 재선에 성공한 뒤 행한 연설에서, 헝가리의 미래를 '비자유주의 국가(illiberal state)'로 묘사했다. 그는 자유민주주의의 가치를 거부하지는 않으나, 그것을 '국가 기구의 중심적 요소(central element of state organisation)'로 채택하지 않는 국가를 '비자유주의 국가'로 지칭했다. 오르반은 싱가포르, 러시아, 터키 및 중국을 '성공적인 국가들'로 거론하면서, 그 가운데 어느 국가도 '자유국가'가 아니며 일부 국가는 '민주주의 국가'가 결코 아니라고 주장했다.

두테르테(Rodrigo Roa Duterte, 1945~) 대통령과 마르코스(Bongbong Marcos, 1957~) 대통령 하의 필리핀도 '비자유주의적 민주주의 국가'로 묘사된다. 미국에서는 2020년 대통령선거 당시 조지아주 투표 결과를 뒤집기 하려고 시도한 그리고 2021년 미국 국회의사당 점거 폭동 당시 사기 모의, 선거 방해 모의, 투표권 방해 및 사기 등의 혐의를 받는 트럼프(Donald Trump, 1946~) 대통령 하의 공화당 정부가 '비자유주의적 민주주의 국가'가 되었다고 비판받는다.

'민주주의 다양성 연구소(Varieties of Democracy: The V-Dem Institute)[3]'의 한 연구에 따르면, 미국의 공화당은 지난 10년간 트럼프 전 대통령의 리더십이 강화되면서 '비자유주의 포퓰리스트' 정당이 되었다는 것이다. 일부 인사들은 푸틴 러시아 대통령의 '강한 지도자(strongman rulers)' 상(像)과 같은 트럼프 전대통령의 포퓰리스트적 지배 스타일이 '자유민주주의(liberal democracy)'에 위험을 초래한다고 생각한다.

3) '민주주의 다양성 연구소(The V-Dem Institute)'는 '정부의 품질(qualities of government)'을 연구하기 위해, 스웨덴 고텐버그 대학(University of Gothenburg)의 린드버그(Staffan I. Lindberg, 1969~) 교수가 2014년 설립한 독립연구소다.

오늘날 '민주주의'라는 고전적 개념에 때가 많이 끼게 된 것은, 민주주의를 가장(假裝)한 다양한 '의사민주주의(擬似民主主義, pseudo-democracy) 체제'가 등장하게 되었기 때문이다. 근년 들어 인민민주주의(人民民主主義, people's democracy), 민주집중제(民主集中制, democratic centralism)와 같은 의사민주주의 체제들이 많이 등장하였다.

의사민주주의 체제는 다양하게 정의될 수 있다. 가장 흔하게는 "'선거'를 치르지만 시민의 자유를 제한하는 정부"로 규정될 수 있다. 그러나 '시민의 자유 제한'도 그 정도의 차이에 따라 여러 계층으로 나뉠 수 있을 것이며, 비록 '시민의 자유 제한'이 없다 하더라도 다양한 '선거' 조작이 있을 수 있다.

2010년대 초 북아프리카, 중동, 아랍권을 뒤흔든 '아랍의 봄(Arab Spring)'[4] 사태에서 밝혀졌듯이, 시리아의 아사드(Bashar al-Assad, 1965~) 대통령 등 20~30년간 장기 집권한 독재자들도 '선거라는 형식을 통해 집권'한 것을 알 수 있다. 아사드는 2000년 압도적인 지지율(유효표의 97.2%)로 대통령에 선출되었다. 2007년 또다시 97.6%의 득표율로 7년 임기의 대통령에 재선되었다. 그는 2012년 개정된 헌법(임기 7년 중임)에 따라 2014년, 2021년에 연이어 재당선되어 2028년까지 집권할 수 있게 되었다.

4) 2010~2012년 간 북아프리카, 중동, 아랍권을 휩쓴 반정부 시위를 일컫는 말로, 아랍의 봄과 겨울(Arab Spring and Winter), 아랍의 자각(Arab Awakening), 또는 아랍인들의 반란이라 불리기도 한다. 아랍의 봄으로 상당수 국가의 정권이 교체되긴 했으나 '체제 변경'으로까지 이어진 나라는 튀니지 밖에 없는 것으로 알려지고 있다. 아랍의 봄 이후 이집트는 다시 군부 독재 체제로 돌아갔고, 바레인은 아랍의 봄 시위 실패 이후 지금까지 왕정독재 체제를 유지하고 있다.

아사드는 즉 '선거라는 형식을 통해 집권'한 것이다. 그는 2007년 대선에서 단독 출마해 97.6%의 득표율로 재선되었으나, 당시 투표장마다 정권의 친위대인 공화국 수비대원들이 깔려 있었고, 투표소 안에는 '찬성란에 동그라미를 치면 된다'는 안내문이 붙어 있었다고 한다. 이를 결코 민주적 정체로 분류할 수는 없다. 이와 같이 20년이 넘는 오랜 기간동안 집권한 독재자들도 '선거를 통해 집권'했다는 명분을 내세워 민주적 정권임을 강변한다.

러시아의 제2·4대 대통령이자 독재자인 푸틴(Vladimir Vladimirovich Putin, 1952~)도 명목상 러시아 국민의 직접 선거를 통해 선출된 국가원수다. 물론 다수의 부정선거 의혹과 정적들을 암살한 의혹, 집회 및 언론 탄압 행적 등으로 인해 국제 사회에서는 사실상 독재자로 간주되고 있다.

그리고 근자에 뉴스를 통해 널리 알려진 튀르키예의 에르도안 대통령도, 2014년 튀르키예 역사상 최초로 치러진 대통령 직접선거에서 선출된 첫 대통령이다. 그는 2023년 5월 28일 치러진 대통령선거 결선 투표에서 52.16%의 득표율을 기록하며 당선됐다. 벨라루스 초대 대통령으로 1994년부터 27년째 집권 중인 루카센코(Алекса́ндр Григо́рьевич Лукаше́нко, 1954~)도 1994년 선거를 통해 대통령이 되었으며, 2006년, 2010년, 2015년, 2020년 대선에서도 압도적 지지로 당선되었다.

이와 같이 장기집권한 독재자들도 선거를 통해 집권했다는 의미에서 민주주의를 가장한 '의사민주주의 체제'라고 할 수 있을 것이다. '비자유주의적 민주주의'라는 용어를 대중화시킨 자카리아(Fareed Zakaria, 1964~)[5]는, 의사민주주의 체제와 비자유주의적 민주주의 국가들은 전 세계적으로 증가하고 있다고 지적한다.

물론 이러한 의사민주주의 체제는 고전적 민주주의의 한 유형으로 간주되어야 할 뿐만 아니라, 오히려 민주주의의 뿌리에 더 충실하다고 주장하는 학자들도 적지 않다. 헝가리 태생의 법학자 사조(András Sajó, 1949~)와 빈 대학(Universität Wien) 정치학자 바그란들(Ulrich Wagrandl)이 그들이다. 사조는 비자유주의적 민주주의는 국민투표적 의미에서 '민주적'이기 때문에 민주주의의 한 유형으로 간주되어야 한다고 주장한다. 그리고 바그란들은 "비자유주의적 민주주의는 실제로 민주주의의 뿌리에 더 충실하다"고 주장한다.

그러나 '국민에 의한 국민의 정부'라는 조건을 충족하였다고 해서 무조건 '민주정부'라고 할 수는 없을 것이다. 따라서 필자들은 '자유'라는 핵심 가치가 내면화되지 않은, 가장(假裝)된 민주 정체와 구분하기 위하여 '자유민주주의'라는 다듬어진 용어를 사용할 것을 주창한 바 있다. 선거를 조작하거나, 현직 집권자를 합법화하고 공고히 하는 데 사용되는 정치 체제를 결단코 민주적 정치 체제로 간주해서는 아니 될 것이다.

안정적인 민주주의가 되기 위해서는 '자유'라는 핵심 가치 이외에 "자유롭고 공정한 선거(free and fair elections)" 등 여러 조건이 필요하다. 자유롭고 공정한 선거를 통해 국민들은 정부를 선택하고 교체할 수 있는 권리를 가진다. 그러나 "자유롭고 공정한 선거"는, 앞서 밝혔듯이, 어디까지나 하나의 수단 즉 필요조건을 충족한 것에

5) 자카리아는 인도계 미국인으로 저널리스트, 정치 평론가, 작가이다. 그는 CNN의 Fareed Zakaria GPS의 진행자로, 뉴스위크의 칼럼니스트, 뉴스위크 인터내셔널의 편집자, 타임지의 편집자이다.

불과하다. 선거에서 승리한 집권자들은 걸핏하면 “선거 결과에 불복하는 것이냐!”고 패자 측을 몰아붙인다.

현대의 민주주의 정치 제도를 뒷받침하는 기본 메커니즘은 ‘선거’다. 그러나 ‘선거’는 어디까지나 수단에 불과하다. 자유민주주의 국가든, 독재 국가든, 사회주의 국가든 간에 이 같은 관점에서 ‘공정한 선거 관리’를 위한 원칙과 기법들에 초점을 두고 다양한 미시적(微視的) 연구들을 하고 있다. 그러나 대부분 기술적 접근에 그치고 만다. ‘자유’와 ‘인권’이라는 민주주의의 핵심 가치를 놓치고 있기 때문이다.

다음에서는 민주주의의 본질을 더 극명하게 밝히기 위해 ‘포퓰리즘(민중영합주의)’ 관련 논의들을 살펴보고자 한다. 민중영합주의(populism)의 전문연구자인 무데[6](Cas Mudde, 1967~)와 칼트바서[7](Cristóbal Rovira Kaltwasser)는 “포퓰리즘이라는 용어는 유럽에서 아메리카에 이르기까지 정치에 대한 논쟁에서 너무 중심적이어서 그냥 없애버릴 수 없다”고 주장한다. 포퓰리즘(민중영합주의)이라는 용어는 트럼프(Donald Trump)가 미국 대통령으로 선출되고, 영국이 유럽 연합(EU)을 떠나기로 한 2016년 이후 국제 정치 평론가들이 가장 널리 사용하는 용어 중 하나가 되었으며, 2017년 케임브리지 사

6) 무데(Cas Mudde, 1967~)는 유럽과 미국의 포퓰리즘(민중영합주의)을 연구하는 독일 정치학자다. 그는 2002년부터 2010년까지 벨기에 엔트워프 대학(University of Antwerp)의 조교수 및 부교수를 역임하였으며, 오슬로 대학 외래교수(adjunct professor)를 지내기도 했다.

7) 칼트바서(Cristóbal Rovira Kaltwasser)는 민주주의와 포퓰리즘(민중영합주의) 전문연구자로, 칠레 산티아고 대학(Diego Portales University in Santiago) 정치학과의 부교수다.

전은 이 단어를 그해의 단어로 선정하기도 했다.

무데와 칼트바서는 2017년 공저한 『민중영합주의(*populism*)』에서 '민중영합주의'의 역할을 논하면서, '민중영합주의'라는 개념이 온통 부정적 의미에 둘러싸여 자유민주주의를 퇴화시키는 것으로 받아들여지고 있으나, 본질에 있어 '민주적(democratic)'이라고 주장한다. 그들은 즉 '민중영합주의(포퓰리즘)'가 기본적으로 '다수 지배(majoritarian rule)'라는 이상에 기반하고 있다고 본다.

그들은 '자유'의 가치와 '민주주의'의 가치가 내부적으로 서로 모순되는 데서 문제가 발생한다고 주장한다. 즉 '민주주의'는 '다수의 지배'를 약속하는 데 반해, '자유'의 가치는 '소수의 보호(protection of minorities)'를 약속한다는 것이다. 그들은 게다가 민중영합주의가 민주주의의 산물(product)이라고 주장하면서, 민중영합주의적 지도자들은 일반적으로 자유주의의 기반을 약화시키기 위해 자유민주주의의 민주적 양식(democratic aspect)을 이용한다고 주장한다. 이들의 주장은 앞서 살펴본 자카리아의 주장과 밀접하게 연관되어 있다. 즉 그들은 포퓰리즘의 등장이 '다양성(plurality)'과 '소수 보호(minority protection)'와 같은 '자유'의 핵심 가치를 침식하게 된다고 주장한다.

컬럼비아 대학의 버만(Sheri Berman) 교수도 "자유주의에 의해 억제되지 않은 민주주의는 위험할 수 있는 포퓰리스트 지배(populist rule)로 빠질 수 있으며, 또한 민주주의에 의해 점검되지 않은 자유주의의 가치는, 과두지배(oligarchic rule)로 변질된 역사적 사례에서 보듯이, 위험할 수 있다"고 지적한다. 그녀는 즉 "포퓰리즘은 민주적 제도를 약화시켜 포퓰리즘의 등장을 촉진하고 자유민주주의를 악화시킨다"고 하면서, 포퓰리즘의 역할에 대한 다른 관점을 제시한다. 요약하자면 버만은 포퓰리즘이 자유민주주의의 발흥을 이끈 한편, 포퓰리즘은 다른 한 편에 있어서는 결과적으로 민주적 제도가 엘리트에 의해 주도되도록 견인하게 되었음을 입증하려고 노력한 것이다.

한편 레비츠키(Steven Levitsky)[8)]와 웨이(Lucan Way)[9)]는, "한 사회에서 야당과 독립된 언론이 없다면, 그것은 결코 민주적이라고 할 수 없는 '흙탕물(muddies the waters)'에 불과하다"고 주장하면서, '비자유주의적 민주주의'의 개념을 거부한다. 그들은 즉 일부 국가들이 민주주의를 중심 가치로 삼는다는 의미에서 사용하는 '비자유주의적 민주주의'라는 용어는 부적절하다는 것이다. 이들은 밀로셰비치(Slobodan Milošević, 1941~2006) 대통령 치하의 유고슬라비아 연방공화국, 짐바브웨, 구소련(post-Soviet Russia)[10)] 등의 국가는, 비록 선거를 치르지만(어떤 때는 아주 치열한 경쟁선거를 치르지만) 결코 민주주의 국가 또는 민주주의를 향해 발전하는 나라라고 할 수 없다고 주장한다.

레비츠키와 웨이는 비자유민주주의라는 용어에서 '민주주의'라는 긍정적 의미를 제거하기 위해 그리고 '발전 도상 민주주의(developing democracies)'와 구분짓기 위해, '경쟁적 권위주의(competitive

---

8) 레비츠키(Steven Levitsky, 1968~)는 권위주의와 민주화 등을 연구하는 하버드 대학 정부학과 교수다.

9) 웨이(Lucan Ahmad Way)는 민주주의와 독재 등에 관심을 갖는 토론토 대학의 부교수다.

10) 구소련 국가는 1991년 소연방공화국 해체 후 재등장한 독립 주권 국가를 말한다.

authoritarianism) 국가'라는 새로운 용어를 만들었다.

사두르스키(Wojciech Sadurski, 1950~)[11]에 의하면, '비자유민주주의'라는 개념은 강력한 표현을 위해 서로 모순되는 말을 결합시킨 모순어법(oxymoron)에 해당된다는 것이다. 왜냐하면 견제와 균형 등 선거와 관련된 다양한 민주주의 제도들을 해체해 보면, 지배정당(ruling party)은 해당 국가의 민주적 특징을 크게 약화시키기 때문이라는 것이다. 사두르스키는 이러한 관점에서 '비자유민주주의'라는 개념 대신 '국민투표에 의존하는 권위주의(plebiscitarian authoritarianism)'라는 용어를 더 선호한다.

한편 2002~2003년간 유럽대학 연구원(European University Institute)의 로버트 슈만 고등연구원 센터(Robert Schuman Centre for Advanced Studies)에서 방문교수를 역임한 플래트너(Marc Plattner)는 1998년 민주주의와 자유주의는 소용돌이치는 관계(turbulent relationship)에 놓여 있다고 주장했다. 그는 즉 역사를 통해 보면 양자는 끊임없이 서로를 배척하고 또 끌어들인다는 것이다. 플래트너는 비자유민주주의의 대두는 민주화 순환고리(democratization cycle)의 단순한 한 부분에 불과하다고 믿는다. 플래트너는 그 순환고리에서 '비자유민주주의'가 공고화된 민주주의의 도움을 받아 스스로를 서서히 밀어낼 수 있게 된다고 믿는다.

그리고 조지 워싱턴 대학의 정치학자 밀러(Michael K. Miller)는 한 연구에서 다당제 독재 선거(multiparty autocratic elections)는 비선

11) 사두르스키는 폴란드와 오스트레일리아의 헌법학자이다. 그는 2023년 현재 시드니 대학교의 찰리스 법학 교수이자, 바르샤바 대학교의 유럽 센터 교수로 재직하고 있다.

거 독재(non-electoral autocracy)에 비해 건강, 교육, 양성 평등 면에서 더 나은 산물을 예측케 해 준다고 주장한다. 특히 건강과 교육에 있어서의 효과는 강하게 나타난다고 그는 지적한다.

비자유주의와 보수주의를 분리하는 핵심 요소는 정치적 자유주의와의 관계다. 트럼프(Donald Trump) 이전의 유럽의 기독교 민주당(Christian Democrats) 또는 미국의 공화당(Republican Republican)과 같은 고전적 보수주의자들은 정치적 권리와 헌법주의의 열렬한 지지자였다.

미국 조지아 주 에모리 대학의 부교수 간디(Jennifer Gandhi)는 적지 않은 정치학자들이 독재자들이 정권을 안정시키고 강화하기 위해 선거를 이용한다고 말한다. 그녀는 즉 선거를 통해 지도자들이 돈으로 권력을 찬탈할 수 있는 사람들을 달래고, 정치적 양보로 일반 대중의 협력을 확보함으로써 엘리트와 대중의 위협을 해결하는 데 도움이 된다고 말한다. 간디는 또한 비자유주의 선거가 독재자에게 시민에 대한 정보를 제공하고 국내외에서 정당성을 확립하는 것과 같은 다른 유용한 목적에 기여한다고 주장한다. 이러한 주장에 따르면 비자유주의 선거의 안정 제공 기능을 감안할 때 비자유주의 민주주의 국가에서 통치되는 국가가 헌법상의 자유에 의해 보호되는 민주주의 체제로의 전환 가능성이 낮을 수 있음을 시사한다.

앞서 언급한 자카리아는 자유롭고 공정한 선거를 통해 자유민주주의 국가의 발전을 촉진하기 위해 국제 사회와 미국이 사회의 점진적인 자유화를 촉진해야 한다고 제안한다. 그는 언론의 자유, 집회의 자유와 같은 '자유의 부족'은 반대를 어렵게 만든다고 주장한다. 자카리아는 즉 정권은 비판자들에 대해 관료주의, 경제적 압력, 투옥 또는 폭력을 사용할 수 있다고 하면서, 헌법 자유주의가 민주주의를 가져올 수 있지만 그 반대는 아니라고 믿는다고 말한다.

한편 다른 일단의 민주주의 연구자들도 자유주의의 빈곤, 경제·정치적 양극화가 민주주의를 위기로 몰아가고 있다고 주장한다. 2022년 6월 미국 스탠퍼드대학 아시아태평양연구센터에서 출간된 「위기의 한국 민주주의(South Korea's Democracy in Crisis)」에서 저자들은 이같이 주장했다. 또 다른 일단의 학자들은 대리인(agent)인 정치가들이 주인(principal)인 국민의 뜻과 어긋나게 자신들의 당파적 이익을 위해 게임의 룰을 자의적으로 변경할 때 민주주의의 위기가 초래된다고 지적한다. 여러 사회과학자들은 이를 주인-대리인 문제(principal-agent problem)로 개념화한 데 비해, 정치학계에서는 대의정치체제가 지닌 '대표성'의 문제로 접근한다.

어떻든 오늘날의 상황은 세계적 열풍을 부른 인공지능(AI) 챗지피티(ChatGPT)가 학술적 연구 논문과 판결문까지 써주는 상황이 아닌가? 이러한 일련의 급격한 기술적 변화는 민주적 과정에 대한 사회구성원들의 경각심을 근본적으로 허물고 있다. 벌써 우리 사회에서는 '드루킹 댓글 조작 사건'과 같이, '킹크랩'이라는 듣도 보도 못한 이상한 프로그램을 이용한 댓글 조작 사건이 일상적으로 이루어지고 있지 않은가?

미국과 유럽연합(EU) 그리고 캐나다 정부는 최근 틱톡·위챗(WeChat) 등 중국 앱을 금지하는 조치를 취했다. 외견상의 이유는 '안보'였다. 그러나 내용을 세밀하게 들여다보면, 중국이 이들 앱을 활용해 민주 사회의 여론을 조작할 수 있다는 점을 우려하고 있는 것을 알 수 있다. 미국의 상원 정보위원장 워너(Mark Warner)는 2023

년 3월 7일 정보통신기술 위협 제한법(RESTRICT)을 발의하면서, "이 법안은 상무부가 '국가 안보'에 과도한 위험을 초래하는 정보통신 및 기술 거래를 검토, 예방 및 완화할 수 있는 권한을 강화해 해외 적대 세력의 기술로 인한 지속적인 위협에 포괄적으로 대응할 수 있도록 한다"고 설명했다. 그는 이어 "틱톡은 중국 공산당의 감시를 가능하게 하고, 미국에서 악의적인 영향력 캠페인을 촉진할 수 있다"고 밝혔다.

요약하자면, 여론 조작을 통해 민주사회의 선거에 개입할 수 있다는 점을 우려한 것이다. 필자는 '안보'를 빌미로 한 강대국 간의 파워게임보다는, 인공지능(AI) 기술을 이용한 여론조작과 선거 개입에 더 큰 관심을 갖고 있다. 캐나다에서는 중국이 2021년 총선에서 여당 승리를 돕기 위해 다양한 방법으로 특정 후보들을 지원했다는 내용의 문건이 공개돼 논란이 된 바 있다. 우리 사회의 일부 지식인들도 2020년 4월 15일 치러진 21대 총선과 2022년 3월 9일 치러진 대통령선거에서 중국의 조직적 개입이 있었다고 일관되게 주장하고 있다.

민주주의의 위기에 관한 이 같은 논의들은 물론 중국, 북한과 같은 독재 국가들에는 해당되지 않는다. 2023년 3월 10일 중국 베이징에서 열린 중국 공산당 전국인민대표대회 14기 1차회의 세 번째 전체회의에서 시진핑 국가주석은 신중국 성립 이후 첫 '3연임' 국가주석으로 등극했다. 마오쩌둥(1893~1976) 사후 전례가 없던 '장기집권 체제'를 완성한 것이다. 국회 격인 전국인민대표대회 대표 2,977명 가운데 2,952명이 표결에 참여해 만장일치의 투표 결과를 얻었다. 반대와 기권 등 이탈표는 단 한 표도 없었다. 이러한 비민주 사회에서 민주주의의 원리를 논하는 것은 의미가 없는 것이 당연하다.

다시 한번 강조하거니와 민주주의는 투표장에서 무너진다. 민주주의의 원칙들이 근본적으로 붕괴되는 상황을, 우리 사회의 구성원들은 경각심을 가지고 예의주시해야 할 것이다.

필자들은 오늘날 SNS의 비약적 발전과 통신 기술의 발달, 통계치를 이용한 여론조작 및 선거 조작 기술의 발달 등이 민주주의의 본질적 원칙들을 심각하게 허물고 있다고 생각한다. 다른 말로 하면, 역설적이게도 다양한 기술의 발달이 링컨의 두 번째 원칙 즉 '국민에 의한 정부'의 원칙을 허문다고 하겠다.

오늘날 여러 전문가들은 다양한 시각에서 민주주의에 대한 도전을 논한다. 필자들은 이 책에서 민주주의의 중심적 '필요조건' 가운데 하나인 '투표'에 초점을 맞추어 우리 사회의 '민주주의의 위기'를 논하고자 한다. 특히 투표관리의 전담 기능을 수행하는 중앙선거관리위원회의 기능과 성격 그리고 한계에 초점을 두어 미시적으로 살펴보고자 한다.

제 2 부

민주주의의 진화 과정

민주주의의 진화 과정에서는 고대 아테네와 로마의 민주주의 제도 발전 과정, 봉건 왕정을 무너뜨리고 민주적 정치 체제를 확립한 중·근세의 민주화 혁명, 그리고 현대의 민주화 운동을 개괄적으로 살펴보고자 한다.

4 아테네 민주주의의 탄생

아테네 민주주의(Athenian democracy)는 기원전 5세기경 고대 그리스 도시국가 아테네에서 비롯된 직접민주주의 체제를 일컫는다. 아테네 민주주의는 폴리스인 아테네를 중심으로 한 아티키[1]에서 시작된 것으로 알려지고 있다. 이 정치 체제는 오늘날 모든 민주정의 원형을 이룬다. 그러나 비록 아테네가 고대 그리스의 민주주의 도시국가 가운데 가장 유명했으나, 유일하지도 않았으며 최초도 아니었다. 즉 아테네 이전에도 수많은 도시국가들이 유사한 민주적 정치체제를 채택하고 있었다. 기원전 4세기 말에 이르기까지 1천 개가 넘는 그리스 도시국가의 절반이 민주주의 체제로 운영되고 있었다. 당시 아테네 정치체제는 과두제[2]의 성격을 띠고 있었다.

1) 아티케(Attikê 또는 'Attikí')는 에게 해와 접한 반도 지대로서 그리스의 수도인 아테네를 포함한 주변 지역을 가리킨다. 흔히 알려진 아티카(Attica)라는 라틴어 명칭은 영어권 및 라틴 문화권에서 통용되는 이름이다.

2) 과두제는 적은 수의 우두머리가 국가의 최고 기관을 조직하여 행하는 독재적인 정치 체제를 말한다.

아테네 민주주의는 직접민주주의 체제로서 유권자의 투표에 의해 입법과 행정에 대한 결정이 이루어졌다. 그러나 참정권은 모든 주민에게 부여되지는 않았으며, 유권자는 성인 남성으로 제한되었다. 이에 따라 미성년자, 여성, 노예, 외국인 등은 투표에 참여할 수 없었다. 당시 아테네 주민은 총 25만 명에서 30만 명 정도였던 것으로 추산되며, 이 가운데 유권자는 3만 명에서 5만 명 정도였던 것으로 추산된다.

아테네 민주주의의 발전에 중요한 영향을 준 인물로는 솔론(Σόλων, Sólōn, 기원전 638년경~기원전 558년경), 클레이스테네스(Κλεισθένης, Cleisthenes, ?~?), 페리클레스(Περικλῆς, Pericles, 기원전 495년경~429년) 등을 들 수 있다.

솔론은 고대 아테네 민주정의 기틀을 만든 인물이다. 그는 고대 아테네의 입법자로, 아테네의 정치, 경제, 도덕이 쇠퇴하는 상황에서 새로운 법을 세우고자 노력한 인물로 유명하다. 아테네 정치 체제는 왕정에서 참주정[3]으로, 참주정에서 민주정으로 진화 즉 진보

3) 참주정(僭主政, tyrannos)은 고대 그리스에서 참주가 국가를 지배하던 정치체제를 말한다. 참주는 고대 그리스의 폴리스에서 비합법적으로 독재권을 확립한 지배자를 뜻한다. 본디 이 말은 '폭군'이라는 뜻이 아니라 바실레우스(왕)와 같은 의미를 지녔으나, BC 4세기 플라톤 이후 바실레우스는 세습적 · 합법적인 왕을 의미하고, 티라노스는 비합법적으로 권력을 획득한 독재적 지배자를 가리키게 되었다. 참주형의 형태는 BC 7~BC 6세기의 전기 (前期) 참주와 BC 4~BC 3세기의 후기 참주로 구분된다. 전기 참주는 거의 귀족 출신으로, 귀족제의 전환기에 귀족과 평민의 대립을 이용해 독재체제를 확립한 경우가 많았다. 이들은 민주제의 과도기에 있었던 폴리스에서 교묘한 정책으로써 민중의 지도자 역할을 하였으며, 폴리스의 발전에 공헌한 경우도 많았다. 후기 참주들은 전기 참주들 이상으로 군사력을 배경으로 독재권을 장악하였는데, 민주제 형식을 지켰으나 그것은 민주공동체를 위해서라

와 반동으로 인한 퇴행이 반복되었다. 아테네 민주정은 참주 페이시스트라토스(Πεισίστρατος Peisistratos, 기원전 600년〈추정〉~기원전 527년)가 죽은 뒤 곧바로 회복되지는 않았다. 아테네의 민주화 과정에는 아테네인들의 적지 않은 피와 땀이 요구되었다.

그 과정을 간략하게 살펴보자. 기원전 594년 솔론은 집정관인 아르콘(archon)[4]으로 선출되었다, 솔론은 아르콘으로 선출되면서 귀족과 민중 사이의 갈등을 조정하는 민주적 제도들을 하나씩 만들기 시작한다. 당시 아르콘은 사백인회(이후 오백인회)의 수장으로서 내각의 수반이 되었다. 기원전 6세기 무렵 아테네 시민의 다수는 노예나 다름없는 상태였다. 극심한 빈부격차로 인해 시민 다수는 채무노예가 되거나 일종의 농노인 헥테모로스가 되었다.

솔론의 개혁에서 가장 중요한 것은 모든 성인 남성에게 열려 있는 민회(ἐκκλησία, ekklēsia)[5]가 최종적인 정치적 의사 결정권을 갖는다는 것이었다. 그러나, 민회에서의 연설은 중산층 이상에게만 허락되었고 아레이오스파고스(Ἄρειος Πάγος)[6]는 여전히 귀족의 지배 아래 있었다.

아르콘으로 취임한 솔론은 기득권층인 귀족들에게 사회, 정치, 경제 전반에 대한 양보를 요구했다. 솔론은 시민들을 4계층으로 나

기보다는 자신의 지배권 확보를 위한 수단으로 이용되었다.

4) 아르콘은 고대 그리스의 국가원수인 집정관을 의미하는 단어이다. 영어식으론 '아컨', 그리스어와 라틴어식으로는 '아르콘'이다. 고대 로마의 집정관은 '콘술'(Consul)로 불리기도 했다. 한국어에서는 그리스어식을 따른 '아르콘'이라는 용어를 채택하고 있다.

5) 민회는 고대 그리스의 여러 폴리스에서 개최된 '시민 총회'를 말한다.

6) 아레오파고스(Ἄρειος Πάγος)는 로마의 원로원과 같은 역할을 한 고대 아테네의 정치 기구를 말한다.

누고 각기 재산 보유 정도에 따라 관직을 맡도록 했다. 솔론의 이러한 정치제도 개혁을 후대 학자들은 금권정치(plutocracy)[7]라 불렀다. 솔론은 특히 서민 계층인 테티스 계층에게 민회와 재판정에 관여할 수 있도록 함으로써 귀족과 민중의 권한과 책임을 균형 있게 하려고 애썼다.

당시 민중이 가진 재판권은 막강한 것이었다. 민중은 재판권을 가짐으로써 아테네 정치체제의 주인이 되었기 때문이다. 솔론은 특히 부채로 자유를 상실한 민중들을 제자리로 돌리려고 했다. 인간의 몸을 담보로 돈을 빌리지 못하게 하는 법률을 만들었다. 솔론의 개혁은 단기적으로 실패하였으나 아테네 민주정의 기초를 세웠다는 평가를 받는다.

솔론 스스로는 자신의 개혁이 두 계급 즉 기득권층인 귀족 계급과 서민 계층인 테티스 계층 간의 조정일 뿐 민주정의 확립이라고 생각하지는 않았다. 솔론은 "내 본분에 충실하여 어느 한쪽을 부당하게 이용하는 일이 없도록 두 계급을 공정하게 지켜주는 일"이라며 충돌 직전의 두 계급 사이에서 중도적 입장을 취하고자 하였다. 그러나 계급 간의 갈등은 뿌리가 깊었고 솔론의 지위는 단단하지 못했다. 양쪽 모두가 불만을 표하자 솔론은 잠시 아테나를 떠났다.

솔론은 쿠데타로 집권한 뒤 참주가 된 페이시스트라토스(Πεισί

7) 금권 정치(money politics)는 돈을 이용해 정치적 영향력을 행사하는 것을 말한다. 대표적으로 금융 자본이나 산업 자본이 정치권력과 유착한 경우를 가리키며 유사한 개념으로는 '부유정치'라는 말이 있다. 금권 정치는 역사적으로 여러 국가에서 나타났는데, 고대 그리스 아테네 민주정치에서는 솔론이 제안한 개혁부터 시작되었다. 근세 이후에는 독일의 푸거(Fugger)가, 영국의 로드차일드(Rothschild)가 등이 국정에 영향력을 미쳤다.

στρατος Peisistratos, 기원전 600년〈추정〉~기원전 527년)의 참주(tyranny) 등극을 반대하는 활동을 벌이는 등 아테네 민주정의 기초를 세웠다는 평가를 받는다. 페이시스트라토스는 메가라(Μέγαρα)[8]와의 영토분쟁을 종결지은 뒤 농민의 지지를 기반으로 참주가 되었다. 그는 비록 정당한 절차에 의해 권력을 잡지는 않았으나 솔론의 개혁 대부분을 그대로 따랐다. 페이시스트라토스는 기원전 510년 아들에게 권력을 세습시키려는 시도를 하다 권력에서 쫓겨나게 되었다.

쿠데타를 통해 권력을 잡은 페이시스트라토스는 추방과 복귀를 반복하며 33년간 권좌에 있었으며, 그의 아들 힙피아스(Hippias)와 힙파르코스(Hipparchos)가 참주를 이어받았다. 이들 형제의 독재와 횡포에 대한 원성이 높아지면서 힙파르코스가 하르모디오스(Harmodios)와 아리스토게이톤(Aristogeiton)에 의해 암살되었다. 이후 더욱 포악해진 힙피아스는 결국 시민들의 봉기로 축출되고 페르시아로 망명하면서 참주정이 붕괴되었다.

헤로도토스(Ἡρόδοτος, Herodotus)는 '역사(Historiae/Ἱστορίαι)'에서, 참주정이 종말을 맞게 된 결정적인 요인으로 알크메오니다이 가(家)의 클레이스테네스(Κλεισθένης)의 공로를 기술하고 있다. 그는 델포이의 여사제 퓌티아(Phythia)를 매수하여 스파르테인들에게 아테네를 참주로부터 해방하는 것이 그들의 의무라고 촉구하게 했다

8) 메가라는 아티카의 서부 메가리스에 있었던 고대 도시 국가이다. 메가라인이 이룩한 식민시 안에는 비잔티움(현재 이스탄불)이 있다. 현대의 메가라(Μέγαρα/Mégara)는 그리스 아티카 지방에 있는 기초 자치단체(디모스)의 이름이기도 하다.

고 한다. 퓌티아의 신탁에 신경을 곤두세우던 스파르테는 결국 클레오메네스(Κλεομένης) 왕이 군대를 이끌고 아테네의 민주파들을 지원하여 힙피아스를 몰아냈던 것이다.

아테네 민주정은 많은 궤변론자를 양산하였다. 특정한 법안을 제안하기 위해서는 민중을 설득하기 위한 탁월한 연설 능력이 요구되었다. 누구나 연단에 설 수 있는 자격이 있었지만, 아무나 민회의 연단 축대인 '베마'에 설 수 있었던 것은 아니었다. 민중의 야유나 비판을 이겨내고 자신의 주장을 펼 수 있기 위해서는 매끄러운 언변, 합리적 논리를 갖추어야 하였기 때문이다.

요즘도 그러하지만, 민주주의는 말의 성찬이 뒷받침되기 마련이다. 고대 아테네 시절에도 민중을 설득하고 소통할 수 있는 정치지도자들이 요구되었다. 당시 지식인들이 연설 기법을 배우기 위해 소피스테스(sophistes)를 찾았던 것도 이런 이유에서다. 연설을 배우고자 하는 사람들은 아테네에만 있었던 것은 아니다. 자신의 정견이나 의사를 명확하고 효과적으로 전달할 수 있는 능력은 그리스 도시국가들에서는 필수적으로 요구된 능력이었다.

그러나 그 역효과도 적지 않게 드러난바, 데마고그(demagogue) 즉 선동가들이 등장했다. 데마고그들은 국가의 장기적 비전과 합리적 대안보다 우선 대중에 영합하는 달콤한 말과 궤변을 앞세우기 마련이었다. 이른 바 포퓰리스트들이 등장한 것이다. 오늘날의 포퓰리즘(populism)의 뿌리는 고대 아테네의 민주정에서 찾을 수 있다.

고대 아테네의 민주정은 정치적 측면에서만 의미를 갖는 것은 아니다. 민주주의가 발달하면서 개인의 재산권과 자유를 지키려는 의식 또한 확산되었다. 자신의 재산권과 자유를 지키기 위해서는 재판에서 스스로를 잘 변론할 수 있어야 했으며, 이를 위해서도 변론술이 필요했다. 오늘날의 변호사 역할을 한 사람들이 바로 소피스테스였다. 소피스테스들은 그리스 전역을 누비며 전성기를 누렸다. 프로타고라스(Protagoras), 고르기아스(Gorgias), 트라시마코스(Thrasymachus) 등이 대중의 인기를 얻었던 대표적 소피스테스였다. 이들은 철학을 대중화하는 데 기여하기도 했다. 하지만 억지 논리나 교묘한 언술로 상대를 이기는 기술을 가르치는 데 치중하여 많은 이들로부터 궤변론자로 비판을 받기도 했다. 특히 소크라테스나 플라톤과 같은 진지한 철학자들은 소피스테스들의 폐해를 신랄하게 비판했다.

민주주의 성공은 '시민 참여'에 달렸다. 고대 그리스에서나 오늘날의 민주 사회에서나 마찬가지다. 고대 아테네인들이 정치 활동에 적극 참여하는 것을 시민적 덕목으로 권장했던 이유도 직접민주주의를 구현하기 위해서는 시민의 참여가 필수적이었기 때문이다. 고대 아테네인들은 국가적 일에 관심을 두지 않고 잘 참여하지도 않으면서 사적인 일에만 몰두하는 사람을 '이디오테스(idiotes)'라 불렀다. 바보, 천치란 조롱이 담긴 뜻으로 영어 'idiot'의 어원이 되었다. 오늘날 대의민주주의가 위기에 봉착한 것도 이디오테스가 많아진 때문이다.

아테네의 직접민주주의를 꽃피웠던 피닉스 언덕은 자유와 평등을 구가했던 아테네인들의 이상과 현실이 부딪히던 곳이다. 이제는 텅 빈 공간이지만, 피닉스 언덕을 보호하던 거대한 석벽 즉 '키클롭스 성벽(Cyclopean walls)'은 현대 민주주의의 씨앗이 된 아테네 민주주의의 든든한 토대를 상징하고 있다.

아테네 민주주의 발전에 기여한 또 한 명의 정치가로는 클레이스테네스(Κλεισθένης, Cleisthenes, ?~?)를 들 수 있다. 그는 아테네의 명문가 알크메오니다이 가(家)의 메가클레스와 시퀴온의 참주였던 클레이스테네스의 딸 아가리스테 사이에서 태어나 외조부의 이름을 따라 이름을 지었다.

그는 페이시스트라토스(Πεισίστρατος Peisistratus, 기원전 600년〈추정〉~기원전 527년)와 같은 독재자가 아테네에 출현하는 것을 막기 위해 도편추방제(οστρακισμός)9)를 도입한 것으로 알려져 있다. 그러나 아테네 민주정치에서 가장 특징적인 것으로 평가받는 도편추방제의 도입 인물이 클레이스테네스인지에 대해서는 확실치 않다. 즉 도편추방제의 시행 시기가 그의 집권기간과 겹치기 때문에 그가 처음 시행한 것으로 추정되고 있을 뿐이다.

클레이스테네스는 전 시민에게 평등한 참정권을 부여했으며, 솔론이 만들었던 400인회를 500인회로 바꾸었다. 500인회의 대표자들은 지역별로 뽑혔으며, 이들은 민회에 제출할 법안을 마련했다. 클레이스테네스 개혁에 대해 귀족과 부유층은 거세게 반발하였고 그는 신변의 위협을 느껴 도주하였다.

두번째 그리스-페르시아 전쟁이 17년간 지속되자, 전쟁 물자의

9) 도편추방제는 고대 아테네 민주정에서 참주가 될 위험이 있는 인물의 이름을 도자기 조각에 적는 방법의 투표를 통해 당사자를 국외로 10년간 추방하는 제도를 말한다. 해마다 한 번씩 실시하여 그것이 6천 표에 이르렀을 때 그 사람을 나라 밖으로 쫓아내는 제도인 것이다. 그러나 도편추방은 당사자만을 추방하는 것으로 재산은 몰수되지 않았다. 도편추방은 그러나 신중한 절차를 거쳤음에도 불구하고 점차 정적 제거의 수단으로 변질되었다. 기원전 417년 알키비아데스가 정적인 히페르볼로스를 도편추방을 통해 제거하자 아테네 시민들은 도편추방이 위험한 제도란 것을 인식하게 되었고, 더이상 시행되지 않았다.

충원과 인력의 동원을 위해 재력이 있는 귀족 가문의 정치적 영향력이 다시 커지게 되어 귀족 계급의 제도적 원천인 아레이오스 파고스의 권력도 강화되었다. 귀족 세력의 권력 확장에 불만을 품은 시민 역시 많아지게 되었다. 이에 따라 아테네 정치 세력은 아리스테이데스(Ἀριστείδης, 기원전 530년~기원전 468년)[10]와 키몬을 중심으로 하는 귀족파와, 테미스토클레스(Θεμιστοκλῆς, Themistocles, 기원전 524년~기원전 459년), 에피알테스(Ephialtes)[11], 페리클레스 등을 중심으로 하는 민중파로 분열되었다.

테미스토클레스는 아테네 해군력을 성장시켜, 대 페르시아 전쟁을 승리로 이끈 고대 아테네의 정치가이자 군인이다. 테미스토클레스는 살라미스 해전의 영웅이었으나 정치적 모략에 빠져 도편추방을 당했다. 그 뒤를 이은 사람은 역시 귀족파의 키논이었지만, 스파르타의 농노 반란을 지원하자 민중파에 의해 실각되었고 그 역시 도편추방을 당하게 되었다. 그 뒤를 이은 민중파의 에피알테스는 귀족 권력을 제한하기 위해 아테나이의 모든 정치적 의사 결정이 민회에서 이루어지도록 하고 아레이오스파고스의 역할을 사법에만 한정시켰다. 그리하여 아테네의 권력은 상임 행정기구인 오백인회, 입법기관이자 민회인 에클레시아, 재판소인 아레이오스파고스로 삼분

10) 아리스티데스(Ἀριστε ίδης, 기원전 530년~기원전 468년)는 고대 그리스 아테네의 정치가로, 그에 대해 알려진 것이라고는 그가 정치가 클레이스테네스의 추종자였으며, 아테네 정계에서 귀족파에 속했다는 사실밖에 없다.

11) 에피알테스는 소포니데스의 아들로, 기원전 462~461년 경에 민중의 지도자가 되었다. 그는 아레오파고스회의 법적 권한을 대폭 축소했으며, 회수한 사법권은 민회(에클레시아), 시민법정 등에 분산시키는 일련의 사법개혁을 단행한 인물이다. 그의 급진적 개혁은 귀족 세력에게 큰 반감을 샀고 결국 그는 암살되었다.

되게 되었다.

클레이테네스가 도주한 사이 귀족들은 스파르타의 간섭을 받아들이기로 하고 모든 민주주의적 변혁을 취소하려 하였다. 스파르타의 대사가 아테네 귀족과 이러한 협상을 하는 사이 아테네 시민들은 민주주의를 지키기 위해 봉기하였다. 결국 스파르타와 아테네 귀족들은 시민들의 요구에 굴복하였고 클레이테네스는 귀환하여 아르콘이 되었다.

클레이테네스는 18세 이상의 모든 남성 시민을 호적에 등록하게 하고 참정권을 부여하였다. 또한 클레이스테네스는 아레이오스파고스의 권력을 축소시켜 입법 기능을 없애고 사법기능 만을 수행하도록 하였다. 또한 구성에 있어서도 전임 아르콘들이 자동으로 아레이오스파고스의 구성원이 되는 방식을 바꾸어 귀족들 사이에서 추첨을 통해 선발되도록 하였다. 따라서 아레이오스파고스는 더 이상 선출된 권력이 아니게 되어 그 정치적 영향력이 급격히 상실되었다.

그러나 아테네 민주주의 발전에 가장 두드러지게 기여한 인물은 페리클레스다. 그는 고대 아테네의 정치가이자, 장군으로 가장 유명하고 영향력 있는 인물 가운데 한 사람이다. 페리클레스는 그리스–페르시아 전쟁과 펠로폰네소스 전쟁 사이의 아테네 지도자로서 아테네의 황금 시대 즉 '페리클레스의 시대'를 연 인물이다. 당대 역사가 투키디데스는 그를 '아테네의 제1시민'이라 칭한 바 있다.

페리클레스는 기원전 495년 무렵, 아테네 바로 북쪽의 콜라르고스 데모스에서 태어났다. 그의 아버지인 아가리스테는 유력 귀족 집안인 알크마이오니다이 가문 출신으로, 어머니의 인맥은 크산팁

포스가 정계에 들어오는 데 중요한 역할을 하였다. 아가리스테는 시키온의 참주인 클레이스테네스의 증손녀이자, 아테네 개혁자 클레이스테네스의 조카딸이었다. 페리클레스는 어릴 때 조용하고 내성적이었으며, 사람들 앞에 모습을 드러내기보다는 공부에 매진하기를 더 좋아하였던 것으로 알려지고 있다.

기원전 463년 페리클레스는 귀족파 영수인 키몬(Κίμων, 기원전 510년~기원전 450년)을 기소하는데 앞장서, 키몬이 마케도니아에서 아테네의 중요한 이익을 소홀히 하였다고 고발하였다. 키몬은 고대 아테네의 정치가이자 장군이다. 그는 기원전 480년~479년에 걸친 페르시아 크세르크세스 1세의 그리스 침공이 실패한 뒤 아테네가 해상 강국으로 부상하는데 중요한 역할을 하였다. 그는 기원전 462년 스파르타에 헤일로타이 반란이 일어났을 때 스파르타에 지원군을 이끌고 갔으나 실패하였다. 그로 인해 기원전 461년 도편 추방으로 아테나이에서 쫓겨났다. 그러나 그는 기원전 451년에 스파르타와 아테네의 화의 조약을 중재하기 위해 10년의 추방 기간을 다 채우기 전에 망명지에서 소환되었다. 키몬은 페리클레스에 대항하여 아테네의 귀족 정파를 이끌었으며, 에피알테스(Ἐφιάλτης, Ephialtēs)의 민주정 개혁에 반대하였다.

에피알테스는 소포니데스의 아들로, 기원전 462~461년 경에 민중의 지도자가 되었다. 그는 아레오파고스회가 지녔던 국가 제도에 관한 법적 권한을 대폭 축소했으며, 회수한 사법권을 민회와 시민법정 등에 분산시키는 일련의 사법개혁을 단행한 인물이다. 에피알테스의 이러한 급진적 개혁은 귀족들의 반발을 사기에 충분했고, 결국 타나그라의 아들 아리스토디코스에게 암살당했다. 그러나 그의 조치가 귀족세력의 아성이었던 아레오파고스회를 약화시켰기에 페리클레스 시대에 '민회'가 500인회와 아레오파고스회를 넘어선 최고 정무기관이자 민주정의 중추로 역할할 수 있다는 점에서 시사하는 바가 크다.

가장 오랫동안 지도자 자리를 유지하였던 페리클레스가 죽은 뒤 아테네는 정치적 혼동과 민중 선동의 나락으로 빠졌다. 300년간 이어져 온 아테네 민주정은 결국 페리클레스 사후 과두제의 성격을 띠게 되었다.

현대 역사가인 킹(Justin Daniel King)은 고대 아테네의 급진적 민주정이 인민 각자에게는 혜택을 주었으나, 국가에는 해악을 끼쳤다고 본다. 그러나 예일대에서 역사학을 가르친 케이건(Donald Kagan, 1932~2021) 교수는 페리클레스의 정책이 튼튼한 민주정의 주춧돌이 되었다고 주장한다. 기원전 451년에 추방되었다 돌아온 키몬은 새로운 민주정을 받아들이고, 시민권법에 반대하지 않았다.

아테네 민주주의는 고대 그리스 시대와 오늘날 모두 비판받고 있다. 고대 그리스 시대에는 역사가 투키디데스, 극작가 아리스토파네스, 소크라테스의 제자인 플라톤, 그리고 플라톤의 제자인 아리스토텔레스 등이 모두 아테네 민주주의를 비판하였다.

솔론 개혁 이전인 기원전 7세기에 아테네의 정치 체계는 몇 명의 아르콘이 지배하는 귀족정이었고, 전직 아르콘들로 구성된 아레이오스파고스가 내각의 역할을 하였다. 즉 민주정 이전의 아테네는 사법부의 수장인 아르콘과 전직 아르콘들로 구성된 아레이오스파고스에 의해 지배되었다. 이들은 대부분 귀족이었고 자신들의 이익을 위해 폴리스를 지배하였다. 물론 당시에도 호플리테스(ὁπλίτης hoplite)[12)]

를 구성하는 시민 계급이 민회를 연 것으로 보이지만 실재로 국가를 운영한 것은 아르콘과 아레이오스파고스였고 실제적으로 민중들에게는 참정권이 없었다.

클레이스테네스 개혁을 통해 민회가 아르콘을 선출하도록 바뀌었지만, 피선거권은 여전히 상류층으로 제한되었다. 그러나, 솔론의 개혁으로 아르콘은 귀족뿐만 아니라 부유한 시민계급에게도 개방되었으며, 민회가 입법권을 갖게 되면서 아레이오스파고스의 역할은 사법 판결로 제한되었다.

마무리하자면, 아테네 민주정에서 참정권은 모든 주민에게 부여되지 않았으며, 유권자는 성인 남성으로 제한되었다. 즉 아테네 민주주의는 동등한 인격을 갖는 평등을 의미하는 것은 아니었다. 이에 따라 노예는 물론 미성년자, 여성, 외국인 등은 투표에 참여할 수 없었다.

아테네 민주주의의 정확한 의미는 '공동체 결정에 대한 개인의 귀속'을 뜻하는 것이었다. 민주정 이전의 아테네는 사법부 수장인 아르콘과 전직 아르콘들로 구성된 아레이오스파고스에 의해 지배되었다. 이들은 대부분 귀족이었고 자신들의 이익을 위해 폴리스를 지배하였다. 고대 그리스의 다른 도시 국가의 정치 형태가 과두정 또는 귀족정이었다는 것을 감안할 때 아테네 민주주의는 당시로서는 매우 진보적인 정치 체제였다고 할 수 있다.

12) 호플리테스는 고대 그리스의 중무장보병을 가리키는바, 전투장비들(ὅπλα/호플라)을 완전히 갖춘 병사를 뜻하는 말이다. 고대 그리스 도시 국가들의 중무장보병이 사용하는 장비는 모두 개인이 사비로 구입해야 했기 때문에, 호플리테스는 경제력이 있는 중상류층이 대다수를 차지하였다.

앞서 언급하였듯이 민주주의 성공은 '시민 참여'에 달려 있다. 권력(크라토스)은 민중(데모스)에게 있었기 때문이다. 아테네의 직접 민주주의는 시민적 열정에 의해 꽃을 피웠고, 시민의 무관심에 의해 그 빛을 잃어갔다.

아리스토파네스(기원전 445?~385?)의 희극 '여인들의 민회'에는 아테네 시민들의 민회 참석률이 점차 저조해지자 참석자에게 일당을 지급하게 된 당시의 상황을 풍자하는 대목이 나온다. 참석 수당이 얼마였든지 간에 시민의 신성한 참정권 행사에 일당을 지급하게 되었다는 것은 아테네 시민들의 공공 활동에 대한 열정이 식어갔다는 것을 의미한다.

기원전 338년 아테네는 결국 마케도니아 왕국의 필리포스 2세에 의해 정복당하였다. 필리포스 2세의 뒤를 이은 알렉산드로스 대왕은 마케도니아가 정복한 그리스 각 국의 병사들을 연합하여 페르시아, 이집트, 인도 지역에 이르는 방대한 제국을 건설하였지만, 그의 사후 제국은 급속히 분열되었다. 그 뒤 팔레레우스는 아테네 민주정의 전통 일부가 유지되도록 하였으나, 기원전 307년 데메트리오스 1세 폴리오르케테스에 의해 카산드로스가 축출되자 팔레레우스 역시 추방되었다.

어떻든 고대 그리스의 다른 도시 국가의 정치 형태가 과두정 또는 귀족정이었다는 것을 감안하면, 시민들의 직접적 의사 결정에 의해 운영된 아테네 민주주의는 당시로써는 매우 진보적인 정치 체제였다고 할 수 있다.

고대 아테네의 민회

아테네 민주주의의 중심 행사는 민회인 에클레시아(ἐκκλησία, ekklêsia)를 개최하는 것이었다. 민회의 구성은 오늘날의 의회와 달리 선출된 것이 아니라 주어진 권리에 의해 지명되었다. 아테네 공무원 가운데 일부는 민회에서 투표에 의해 선출되었지만, 더 많은 수의 공무원들은 추첨에 의해 지명되었다.

민회는 네 가지 기능을 수행하였다. 민회는 우선 선전포고나 외국인에 대한 시민권 부여와 같은 기능을 담당하였다. 민회는 또한 일부 공무원을 임명하였으며, 법을 만들고 정치적 범죄에 대한 재판을 담당하였다. 체제가 정비됨에 따라 재판 기능은 법원으로 이양되었다. 민회의 표준적인 의사 결정 과정은 한 사람이 연설을 하면 그에 대한 반대 의견을 들은 뒤 손을 들어 찬반 여부를 가결하는 방식으로 수행되었다. 민회에는 여당이나 야당 같은 정당이 없었으며, 단순히 다수결로 결정되었다.

민회의 구성원에게 주어진 일반적 권리는 투표권의 행사였다. 의결 최소 정족수는 6천 명이었다. 기원전 5세기에는 일 년에 10회의 정기 민회가 개최되었고, 필요할 때마다 임시회가 개최되었다. 민회 참석이 언제나 자유로운 것은 아니었으며, 붉은 옷을 입어야 민회의 회의장에 참석할 수 있었다. 기원전 403년 이후 민회에 참석하는 사람들에게 급여가 지급되기 시작한 뒤로는 6천 벌의 붉은 옷을 준비하여 선착순으로 급여와 함께 나눠주었고 그 이외의 사람들은 급여를 받을 수 없었다.

아테네 민주주의는 발전 과정에서 여러 가지 이유로 점차 삼권

분립의 형태를 갖췄으나, 직접민주주의에 바탕을 두고 운영되었다. 아테네의 자격을 갖춘 시민은 개인의 자격으로 의회에서 연설하였고, 법안을 발의하고, 공공 재판을 청구하였다. 아테네 민주주의는 독립적인 인격인 개인의 참여를 당연하게 여겼다.

그러나 아테네 민주주의는 앞서 얘기하였듯이, 동등한 인격을 갖는 평등을 의미하는 것은 아니었다. 아테네 민주주의의 정확한 의미는 공동체의 결정에 대한 개인의 귀속을 뜻하는 것이었다. 법 앞의 평등이란 개념은 고대 로마에서 이루어졌다. 이러한 취지에서 민주주의는 고대 그리스의 민주정에서 기원하였다고 하나, 로마에서 발전한 공화주의(共和主義, republicanism)의 영향을 크게 받았기에, 프린스턴 대학 명예교수인 비롤리(Maurizio Viroli, 1952~) 같은 학자는 로마의 공화주의가 민주주의의 아버지라고 주장한다.

5 로마 공화정의 발달 과정

기원전 146년 마케도니아와 아테네를 포함한 아티카(Attica)[1]는 로마의 침공으로 결국 로마의 속주가 되었다. 로마 제국 시절 아테네는 비록 로마의 속주이기는 하였으나 완전한 지방자치를 인정받았다. 그러나 도시 곳곳에는 로마 군인들이 주둔하였으며, 국가 체제로서의 아테네 민주주의는 종말을 고한 것이다. 그 후 로마는 독립을 되찾으려는 그리스인들의 희망을 짓밟기 위해 아카이아 동맹과 대다수 그리스 동맹을 강제 해산시켜 동방지역을 로마의 지배권하에 두고, 북이탈리아와 스페인에서 영토를 인수하는 방식으로 제국주의 정책을 적극 추진했다.

1) 아티케(Αττική, Attikê, 'Attikí')는, 앞서 밝혔듯이, 고대 그리스의 수도인 아테네를 포함한 주변 지역을 가리킨다. 고대 아티키는 기원전 508년부터 기원전 507년까지 진행된 클레이스테네스의 개혁으로 데모이(demoi) 라고 불리는 행정 구역으로 나눠져서 크게 세 구역으로 묶였다. 즉 아테네와 피레아스 지방의 도심지(astu), 해안선을 따라 있는 해안가(paralia), 그리고 내륙지방(mesogeia)의 3개 구역으로 묶였다.

로마 공화정은 원로원과 민회 그리고 시민집단을 주축으로 구성된 로마 시대의 정체(政體)와 그 정부를 일컫는다. 로마 공화국은 권력의 분리와 견제 및 균형 원칙에 중점을 둔 복합적인 정치 체제였다. 정치기구로서의 원로원(元老院, 라틴어: Senatus, 영어: senate)[2]은 로마의 운명과 관련된 주요 정책들을 논의하고 결정했다. 원로원의 보좌기구인 정무관(Roman magistrate, magistratus)[3]들은 '시민 총회' 즉 민회에 상정되는 모든 법안에 대해 공식적 권고를 할 수 있었으며, 원로원은 원로원 결의(senatus consultum)를 내릴 수 있는 권한을 지녔다.

로마 당대의 역사가 폴리비오스(Πολύβιος, 기원전 203년~기원전 120년 추정)[4]에 따르면, 로마의 민회는 정무관을 선출하고 법령을 제정하며, 사형을 집행하고, 전쟁과 화의 여부를 결정하고, 동맹을 체결할 수 있는 최종 결정권을 가졌다. 로마 공화정 체제에서 민회

2) 원로원(元老院, 라틴어: Senatus, 영어: senate)은 고대사회의 의회 또는 상원 등에 해당하는 회의체이다. 역사상 이와 같은 회의체가 있어왔으며 낱말 senate는 사회와 지배계급에서 가장 나이가 많고 똑똑한 구성원들의 모임을 가리킨다. 최초의 공식적인 원로원으로는 두 가지가 있다. 스파르타의 게루시아와 로마 원로원이 그것이다.

3) 로마 시대에 정무관(Roman magistrate, Magistratus)은 군사 지휘권과 같은 명령권(imperium)을 가지고 있었다. 이들에게 권력을 부여한 주체는 로마의 시민계급인 플레브스(plebs)와 귀족 계급인 파트리키(patrícĭi)였다. 파트리키는 고대 로마를 다스리던 귀족 계급으로, 플레브스와 함께 로마 시민을 구성했다. 플레브스는 처음에는 로마 사회의 중류 이하의 계급을 의미했으며, 모든 공직은 파트리키 즉 귀족들에게만 열려 있었다. 당초에는 두 계급 사이의 통혼조차 금지되어 있었으나, 공화정 후기로 가면서 신분 투쟁으로 그러한 차별은 점차 없어지게 되었다.

4) 폴리비오스는 헬레니즘 시대의 그리스 역사가로, 권력분립 사상으로 유명하다.

와 시민집단은 궁극적인 주권의 원천이었다.

로마의 민회

로마의 민회에는 쿠리아 민회, 켄투리아 민회, 트리부스 민회, 플레브스 민회의 네 종류가 있다.

쿠리아(Curia) 민회는 가문 공동체를 뜻한다. 쿠리아 민회는 초기에는 다양한 여러 정치적 결정을 내릴 수 있었으나, 공화정 시대에는 이미 그 권력이 축소되어 제사장의 취임, 입양 등 제한적인 결정 밖에 할 수 없었다.

가장 중요한 민회는 로마의 군단 편성을 기초로 하는 켄투리아 민회(comitia centuriata)다. '병원회(兵員會)'로도 불리는 켄트리아회는 집정관, 법무관, 호구총감 등의 고등 정무관 선출권을 보유하고, 사형에 관한 형사재판권도 장악하고 있었다. 켄투리아회에서는 193개의 부대마다 1표가 부여되었지만, 그 구성은 현저하게 부유층에 유리하였다. 그것은 귀족이 18개의 기사부대를, 재산액에 따라 5계급으로 구분하여 제1계급이 80개의 중장보병부대를 구성하였기 때문이다. 투표는 기사로부터 계급순으로 행해졌기 때문에, 선거도 의결도 부유층의 투표만으로 결정되어 버리는 경우가 통상적이었다. 더욱이 무장(武裝)은 개개인 스스로가 부담하는 것이 원칙이었기 때문에 무산자(proletarii)에게는 병역의 의무도 없고 처음부터 민회에 참가할 자격도 없었다.

다음으로는 트리부스 민회가 있다. 트리부스 민회는 로마의 각 부족(tributim)들이 소집한 로마 시민들로 구성된 집합체였다. 부족

의회(tribal assembly)는 로마 공화정 시기에 35개의 부족을 기반으로 조직되어 있었다. 4개의 로마 시내 부족과 31개의 시 외곽 부족이 그것이다. 로마의 각 부족들은 입법, 사법 그리고 선거와 관련된 문제에 투표하기 위해 부족 의회를 소집했다. 각 부족마다 다수결 득표에 의한 결정이 내려졌으며, 각 부족이 보유한 선거인 수와 관계없이 결정은 1표로 계산되었다.

마지막으로 플레브스 민회가 있다. 플레브스 민회는 평민위원회에 해당된다. 당초에는 공식적인 민회가 아니라 평민인 플레브스가 귀족인 파트리키의 지배에 대항하여 자발적으로 모인 회의체에 불과했다. 그러나 플레브스 민회는 평민과 귀족의 투쟁을 거치면서 로마의 공식적인 민회로서의 지위를 획득했다. 플레브스 민회에는 평민만 참가할 수 있었다. 플레브스 민회에서의 의결은 1명이 1표를 가진 다수의 결정에 따랐으며, 계급이 있었던 켄투리아 민회보다 훨씬 민주적으로 운영되었다. 처음에는 2명의 호민관을 선출하는 권리만을 가지고 있었으나, 이후 '호르텐시우스 법(Lex Hortensia)'[5]에 의해 법안 의결권도 부여받게 되었다.

로마는 공화정 제도를 채택했기에, 시민집단은 대표자를 뽑지 않고 각 민회에서 직접 투표를 했다. 이런 측면에서 볼 때 로마의 공화정은 아테네 민주주의와 같이 직접민주주의의 요소도 지녔다고 할 수 있다. 로마의 각 민회는 정무관이 주재했으며, 이 정무관이

5) 호르텐시우스 법은 기원전 287년 고대 로마에서 독재관 퀸투스 호르텐시우스에 의해 제정된 법이다. 이 법에 의해 평민회에서 의결된 사항은 원로원의 인준 없이도 법적 구속력을 갖게 되어, 평민과 귀족이 법률상 동등한 권리를 획득하게 되었다.

절차와 적법성에 대한 모든 결정을 내렸다. 궁극적으로 민회를 주관하는 정무관의 권력은 민회에서 거의 절대적이었다. 이 권력에 대한 견제는 다른 정무관의 거부권밖에 없었다. 로마 공화정의 최고위 정무관은 집정관(consul)이다.

로마 공화정의 '공화정'은 리퍼블릭(republic)의 번역어로, 그 어원은 라틴어 레스 푸불리카(res publica)에서 찾을 수 있다. 이는 라틴어로 물건(thing)이나 일(affair)을 의미하는 레스(res)와 공공의 혹은 공적인(public)을 뜻하는 publicus의 조합어로 공공의 일이나 공공의 재산을 의미한다. 레스 푸블리카, 즉 공화국은 왕이나 소수의 귀족들의 전유물이 아니라 모든 시민들에 속하는 공유물이라는 것이다.

공화주의는 본래 시민들이 자신의 삶에 영향을 주는 사안들을 '스스로 결정'하고 그에 대해 책임을 진다는 자치(自治), 즉 자유의 원리를 내세운다. 그런 점에서 고대 아테네에서 발생한 민주주의와 '시민 스스로의 통치'라는 자치 이념을 공유한다. 그리고 주권이 구성원들에게 있다는 점을 강조하기에 민주주의와 매우 잘 결합된다.

공화정 초기 로마는 왕정 시대에 기원을 둔 귀족들이 통치했다. 그러나 시간이 지나면서 귀족들이 정부를 장악할 수 있게 한 여러 법들이 철폐되면서, 공화주의로 바뀌었다. 그 뒤 카이사르(Gaius Julius Caesar, 기원전 100년~기원전 44년)가 등장하면서 로마 공화정은 몰락의 길을 걷게 되었다.

좀 더 자세히 살펴보자. 당초 카이사르는 정치적으로 민중파 노선에 섰다. 기원전 60년대 말에서 기원전 50년대에 이르기까지 카이사르는 마르쿠스 리키니우스 크라수스(Marcus Licinius Crassus, 기원전 115년~기원전 53년) 및 그나이우스 폼페이우스 마그누스(Gnaeus Pompeius Magnus, 기원전 106년~기원전 48년)와 함께 소위 제1차 삼두 정치라는 정치 연대를 이루어 수년간 로마 정계를 장악하였다. 이들 파벌은 자신들끼리 권력을 분점하였다. 카이사르는 갈리아를 정복(기원전 58년~52년)하면서 강력한 세력가로 입지를 굳히게 되었다. 카이사르가 루비콘 강을 건너게 되면서 기원전 49년 결국 내전이 발발하게 되었다. 카이사르는 파르살루스 전투, 탑수스 전투 등에서 승리하게 되면서 로마에서 무소불위의 권력자로 등극하게 되었다.

카이사르는 정권을 장악한 뒤 사회와 정치에 광범위한 개혁을 실시하였다. 즉 원로원 의원의 숫자를 6백 명에서 9백 명으로 늘리고, 로마에 새롭게 편입된 지역의 출신과 갈리아 출신들에게까지 원로원직을 개방하는 개혁을 추진하였다. 카이사르는 또한 공화정의 귀족 정치를 고도로 중앙집권화하고, 자신을 종신독재관으로 선언하게 됨으로써 로마 공화정은 종식을 고하게 되었다. 기원전 27년부터 시작된 로마의 제정(帝政)은 기원후 1453년까지 지속되었다. 왕정 시대와 마찬가지로 공화정 초기에도 원로원(senatus)은 순수한 자문 기구에 지나지 않았다.

로마 공화정의 성격과 관련하여, 기원전 2세기 로마에 볼모로 잡혀왔던 그리스 출신의 역사가 폴리비오스(Πολύβιος)는 로마의 집정관, 원로원, 민회의 기능에 주목하여 로마 공화정을 혼합정체(mikte)로 규정하고, 이 세 요소의 상호 견제와 균형을 통해 로마가 짧은 시간에 부국강병을 이루어 지중해 세계를 제패하게 되었다고 격찬한 바 있다.

그러나 로마 공화정을 본질적으로 강력한 과두정(oligarchy) 지배 체제로 보는 시각도 있다. 원로원의 경우 엄격한 서열 원칙이 있어 토론 시 원로원 제1인자(princeps senatus)가 먼저 정견을 밝힌 뒤 감찰관, 집정관, 법무관 순으로 자신의 견해를 발표하도록 되어 있었다. 이러한 연유로, 서열이 낮은 의원은 투표권 외에 자신의 의사를 밝힐 수 기회 자체가 없었다.

마찬가지로 정무관들도 임기가 짧은 데다, 전임 정무관으로 구성된 원로원의 집단적 의사 결정에 의존할 수밖에 없었으며, 자신들도 원로원 의원이 되거나 서열이 높아지길 기대했기 때문에 사실상 원로원에서 독립하지 못하였다. 따라서 정무관들도 과두정을 형성하는 원로원 내의 실세 집정관 출신들의 뜻에 따를 수밖에 없었던 것이다.

민회 또한 원로원의 귀족에 의해 좌우되었다. 쿠리아 민회는 왕정 시대 이후 형식적인 기구로 전락하였다. 켄투리아 민회 또한 다른 민회와 마찬가지로 1인1표제가 아닌 단위 투표제를 시행하였다. 과반수에 이를 때까지 상류층 켄투리아부터 투표를 하였으므로, 주로 이들이 투표 진로를 결정하다시피 하였다. 기원전 218년 이래 주요 입법기관으로 기능했던 트리부스 민회의 경우, 농촌 지역 트리부스에 거주하는 소토지 소유자들은 사실상 민회에 참석하기가 어려웠다.

로마의 귀족들은 신분 투쟁 과정에서 유력한 평민을 끌어들여 권력을 공유하는 전략을 구사하였다. 로마의 지배층인 귀족 계급의 이러한 전략은 이후 수 세기 동안 로마의 정치·사회적 안정에 기여한 측면이 있다.

오늘날 대부분의 국가는 민주주의를 표방하고 있다. 사회의 규모가 커져 직접민주주의를 기본적 정치 체제로 하기는 어렵겠지만, 선출된 권력을 통해 지배한다는 간접민주주의 역시 아테네 민주주의가 시행하였던 '민중에 의한 지배'라는 이념에서 비롯된 것이라는 공통점을 지닌다고 하겠다.

6 중 · 근세의 민주화 혁명

이 부분의 제목을 '6. 중 · 근세의 민주화 혁명'으로 한 것은, 역사학자들이 하듯이 시대를 엄밀하게 '봉건제', '중세' 또는 '근세'로 나누어 설명하기에는 포함되지 않는 부분들이 많아, 부득이하게 중 · 근세를 하나로 묶어 뭉뚱그려 설명하고자 하기 때문이다.

로마는 공화정과 왕정을 거듭하면서 1천 년 넘게 서양 사회를 지배해 왔다. 로마의 지배력이 약화되었을 때는 각 지방의 봉건 영주들이 지배권을 강화, '민주성'이 약화되었다. 각 지방 영주들의 권한이 강화되고 탄압이 심해지자, 각지에서 민주화를 촉구하는 시민혁명이 발발하였다. 이 책에서는 영국의 명예혁명과 프랑스혁명을, 중 · 근세 민주화 혁명의 대표적 사례로 고찰하고자 한다.

6-1 영국의 명예혁명

영국의 명예혁명(glorious revolution)은 영국 의회가 국왕 제임스 2세(James Ⅱ, 1633~1701)를 몰아내고, 그의 딸을 메리 2세로 옹립한 1688년 발생한 사건을 말한다.

1685년 왕위에 오른 제임스 2세의 가장 큰 문제점은 아버지 찰스 1세와 마찬가지로 소통능력과 유연성의 문제였으며, 가톨릭의 재합법화를 원했던 종교 문제도 복잡하였다. 결국 개신교 의원 7명이 제임스 2세의 맏딸 메리와 그 남편인 '오라녜의 빌렘'[1]에게 제임스를 축출할 것을 요청했고, 그녀의 남편으로 네덜란드 공화국의 통치자인 오라녜 공 빌럼이 의회와 연합하여 그의 군대를 잉글랜드로 보내 제임스 2세를 몰아내고 윌리엄 3세(Willem Ⅲ van Oranje)로 즉위하였다.

빌럼은 1688년 11월 5일 군대를 이끌고 잉글랜드로 들어가게 되었고 이 명예혁명으로 장인인 제임스 2세가 쫓겨나자, 아내인 메리 2세의 공동국왕 윌리엄 3세로 즉위하게 되었다. 원래 제임스 2세와 후처에게 얻은 아들 제임스를 쫓아내고 왕위 계승 1순위는 아내 메리 2세, 그 다음이 처제 앤, 그리고 윌리엄이었으나 현실적으로 네덜란드 군대를 이끌고 온데다가, 메리는 남편과 달리 군사나 정치에 대해 전혀 문외한이었기 때문에 현실적인 점을 고려하여 아내와

1) 영어 이름은 윌리엄(William)이지만 이름을 네덜란드어로 적을 때는 빌럼(Willem)이라고 적는다.

공동왕으로 추대되었다.

빌럼은 즉위하자마자 권리장전(權利章典, Bill of Rights)을 승인하였다. 이 권리장전에 의해 잉글랜드 의회가 조세, 군대 조직 등을 관리하는 입헌체제를 확립하게 되었다. 또한 1689년 5월 비국교도를 포함한 개신교 교도들에게 예배의 자유를 허용하는 관용법이 통과되었다. 사실 이것은 가톨릭교도 국왕의 즉위를 꺼린 잉글랜드 의회와 개신교도였던 윌리엄의 영향력이 있었기 때문에 가능했던 것이다.

권리장전은 인간의 권리를 천명한 헌장 및 법률을 말한다. 권리장전은 서구에서 천부인권설이 확산되면서, 인간의 천부적인 권리 또는 소극적 자연권을 추구하는 과정에서 법제화되었다. 엄밀하게 말하자면 권리장전 그 자체는 법규로는 볼 수 있으나 반드시 법률인 것은 아니다. 중세 봉건사회의 가시적 종결이라는 점에서 큰 의미를 지닌다.

영국의 권리장전은 명예혁명의 결과물로 탄생하여 1689년 영국의회에 의해 승인되었다. 권리장전은 자연권의 적극적인 보장을 추구하기보다는 의회의 왕권 견제의 목적이 강하지만, 최초의 권리장전임에 큰 의의가 있다. 의회의 의결 없이는 왕이 징병, 법률의 폐지, 수세 등을 하지 못한다는 등을 규정하고 있다.

엄밀히 말해 영국의 권리장전은 그로부터 400여 년 전에 체결된 마그나 카르타와 마찬가지로 귀족과 성직자 및 도시민으로 대표되는 의회가 국왕으로부터 자유권을 얻어내는 취지가 아니었다. 이는 이들이 절대왕정에 대항하여 그간 보장되어 온 기득권을, 의회라는 대표성을 내세워 재확인하려는 의도가 짙었다.

현재 영국의 입헌군주제는 실질적으로 명예혁명에서 이루어진, 왕과 의회의 합의에 기초하고 있다. 그 주요 내용은 권리장전의 제정을 통해 이전의 국왕 제임스 2세가 자행해왔던 것과 같은 국왕 대권의 남용을 근원적으로 방지할 수 있게 되었다. 이로써 영국 역사에서 드디어 절대왕정에서 의회 주권으로의 급격하면서도 순차적인 권력의 이동이 시작된 것이다.

다시 말하면 명예혁명은 잉글랜드에서 최초로 시민사회가 성립되는 데 크게 기여했고, 산업혁명에 영향을 주었으며, 산업혁명과 함께 영국이 세계에서 처음으로 근대 시민사회로 이행하는 밑바탕을 닦은 사건이다.

그러나 명예혁명은 국왕에 맞서 귀족과 젠트리의 이권을 보장한 측면이 강하다. 실제로도 프랑스에서 여러 차례 발생한 민주주의 혁명의 영향을 받은 이후에야 영국에서도 투표권 같은 부르주아들의 권리가 겨우 보장되었으며, 심지어 보수파나 귀족파들은 진정한 민주주의적 사상들의 발흥을 보고도 민주주의의 원리가 귀족제의 원리를 침범하면 안 된다고 생각하였다. 하지만 이 혁명의 결과 권리장전이 통과되면서, 국가와 개인의 관계를 개인의 권리를 중심으로 재정리하였다는 의의가 있다. 이는 영국에 전 세계 최초로 시민사회가 형성되는 계기가 된다. 그리고 그 뒤 권리장전의 조세와 대표권에 관한 내용을 바탕으로 미국의 독립 혁명이 시작되었으며, 차티스트 운동과 여성 참정권 운동으로 대표되는 참정권 확대 운동 또한 명예혁명과 권리장전의 정신 아래 진행되었다.

명예혁명이 과연 무혈혁명이었는가에 대해서는 부정적인 견해도 존재하는데, 실제로 윌리엄 공의 잉글랜드 상륙 이후 제임스 2세의 군대와 몇 차례 무력충돌이 있었고, 스코틀랜드, 아일랜드 등지에서는 제임스 2세를 옹호하는 대규모 반란과 전쟁이 일어났다. 특히 아일랜드에서는 윌리어마이트 전쟁이라 불리는 내전이 발발하였다. 잉글랜드 밖에서는 제임스 2세가 왕위를 탈환하려고 프랑스를 끌어들이는 바람에 윌리엄 3세 지휘하에 있던 잉글랜드와 네덜란드, 여기에 편을 든 스페인이 맞붙은 9년 전쟁이 일어나 서유럽을 중심으로 대규모 국제전이 벌어지게 됐다.

6-2 프랑스혁명

프랑스혁명(French Revolution) 1789년 5월 5일에서 1799년 11월 9일 사이 프랑스에서 일어난 시민 혁명을 말한다. 엄밀히 말해 1830년 7월 혁명과 1848년 2월 혁명도 함께 일컫는 말이나, 일반적으로는 1789년의 혁명만을 가리킨다. 프랑스혁명의 발단이 된 것은 바스티유 감옥 습격 사건이다.

프랑스 사회는 당시 절대왕정이 지배하던 앙시앵 레짐(구체제) 하에서 자본가 계급이 부상하고 있었다. 당시 발생한 심각한 경제불황은 인구의 절대다수(98%)를 차지하던 평민들의 불만을 가중시켰으며, 마침내 흉작이 발생한 1789년에 봉기하게 되었다. 시민과 농민의 개입으로 민중혁명의 단계로 변화된 이 혁명은 3년간에 걸쳐 모든 기존 체제를 전복시켰다.

프랑스혁명이 앙시앵 레짐을 무너뜨린 후 80년간 공화정, 제정, 군주정으로 국가 체제가 바뀌며 불안한 정치 상황이 지속되었음에도 불구하고 뒤이어 이어진 나폴레옹 전쟁과 함께 결국 유럽에 민족주의, 자유주의를 널리 퍼뜨리는 역할을 하였다. 또한 크게 보면 자본주의 발전기에 있어 시민 계급이 절대왕정에 저항하여 새로운 정부와 새로운 사회를 건설해 낸 최초의 민주 혁명이라 할 수 있다.

경제 사회 문제에 초점을 맞추어 보면, 1774년 중농주의자인 재무총감 튀르고는 부르주아의 발전을 저지하던 영주와 국가의 통제를 없애버리려 했다. 1776년에는 '여섯 가지 칙령'이 공포되었는데, 이것은 농민을 노예 수준의 부담에서 해방시키고, 공업에 있어서의 길드제를 폐지하며, 농업과 노동에 대한 자유를 보장하는 것을 목적으로 한 것이다. 이것은 부르주아적 이해와 대립하는 봉건적 귀족과 그들에 기생하던 특권 상인의 세력을 약화시키는 것이 불가피한 과제가 되었다는 것을 보여주었다.

18세기 후반에는 절대왕권 제도와 절대왕권 제의 지지자였던 귀족들 거의 대부분도 재정적 곤란에 처해 있었다. 그들은 농민을 더욱 착취하여, 농촌을 거의 황폐화시켰다. 프랑스에서 부르주아가 발전하려면 사회적 대변혁이 불가피했었다. 계몽 사상가들은 이와 같은 결함이 있는 사회 제도를 맹비난하면서 새로운 사회 제도의 출현을 선동했다.

프랑스혁명은 이런 구체제의 모순에서 발생하였다. 구체제 하에서는 인구의 2% 정도밖에 안 되는 제1계급인 성직자와 제2계급인 귀족은 전체 토지의 40%를 차지하고 있으면서 면세 등의 혜택을 누리는 등 주요 권력과 부와 명예를 독점하였다. 인구의 약 98%를 차지하던 제3계급(평민)은 무거운 세금을 부담해야 했다. 제3계급이 정치에 참여할 수 있는 '삼부회(États généraux, States-General)'[2]가 있었지만 175년간 소집되지 않았기 때문에, 실질적으로 정치에서 배제되었다.

그러나 프랑스혁명은 정치 · 사회적 민주화 혁명이다. 파리 시민들은 1789년 7월 14일 아침, 혁명에 필요한 무기를 탈취하기 위하여 바스티유 감옥을 습격하였다. 이들이 프랑스대혁명에 가담한 이유는 불평등한 사회체제에 저항하는 사회개혁 의지를 갖고 있었기 때문이다. 파리 시민들은 삼부회나 국민의회(Assemblée nationale)[3]의 활동 중에 농민과 도시 노동자의 권리를 주장할 수 있는 발언권이 없었다. 혁명과 제3신분의 대표 선출은 대부분이 부르주아 출신이 주도하며 무산계급의 발언권은 묵살되었다.

혁명의 발발로 귀족과 성직자들 중 국외 망명자가 증가함에 따라 국왕이 의지할 국내 세력은 점차 약해져 갔다. 1791년 4월, 국왕

2) 앙시앵 레짐 시기 프랑스 왕국에서 세 신분의 대표자가 만나 국가의 중요 사안에 관해 토론한 일종의 신분제 의회를 말한다. 1신분은 가톨릭 성직자, 2신분은 귀족, 3신분은 평민이다. 형태는 의회와 비슷했지만 잉글랜드와 달리 실질적인 권한은 거의 전무했으며 사실상 국왕의 자문기관 정도의 역할을 수행하는 데 그쳤다.

3) 국민의회는 프랑스혁명의 첫 해인 1789년 제3신분 대표자들에 의해 생겨난 의회를 말한다. 그 해 6월 17일에 창설되어 7월 9일에는 국민제헌의회(Assemblée nationale constituante)로 이름이 변경되었다. 삼부회는 중세적 신분의회의 일종으로, 한 신분이 한 개의 표결권을 행사할 수 있었다. 당시 귀족들은 절대왕정의 힘을 약화시키고 자신들의 입지를 강화하고자 하였으나, 기본적으로는 국왕을 중심으로 한 중세적 신분제도를 지키고자 하였다. 이러한 상황에서 제3신분이 자신들의 뜻을 펴기는 어려웠다. 삼부회 초반부터 제3신분은 신분별 표결이 아니라 머릿수에 따른 투표를 요구하며 제1, 2신분 대표들과 대립하였다.

과 혁명세력 간에 중개자 역할을 해오던 미라보 백작(Honoré Gabriel Riqueti, Comte de Mirabeau, 1749년 3월 9일~1791년 4월 2일)이 사망하자, 과격한 혁명을 반대해 온 루이 16세는 마리 앙투아네트와 친분이 있는 스웨덴 귀족 페르센(Hans Axel von Fersen, 1755년 9월 4일~1810년 6월 20일)의 도움을 받아, 왕비의 친정인 오스트리아로 피신할 계획을 세웠다. 1791년 6월 20일, 파리를 탈출한 루이 16세 일가는 국경 앞의 바렌에서 민중들에게 발각되어, 6월 25일 파리로 되돌아왔다.

프랑스 의회는 루이 16세의 왕권을 중지시켰으나, 의회 내 내분이 생기면서 7월 15일경 루이 16세의 권한을 복위시켰다. 7월 17일에는 급진적인 공화정을 주장하는 코르들리에(Cordeliers)라는 정치 클럽의 주도하에 민중들이 파리에서 국왕 폐위와 재판을 요구하는 시위를 벌이다가 국민방위대에게 무자비하게 진압 당하여 수십 명이 사망하는 샹 드 마르스의 학살사건이 발생했다.

프랑스의 입법 의회는 1791년 9월 3일 제한 선거와 입헌군주제를 골자로 한 새로운 헌법(1791년 프랑스 헌법)을 공포하였다. 이 헌법을 바탕으로 동년 10월 첫 번째 선거가 실시되었다. 선거를 통해 절대군주제가 폐지되고 의회주의와 입헌군주제가 채택되어 새로운 의회인 입법의회가 구성되었다. 입법의회에는 중도파가 340석, 입헌군주제를 지키려는 온건파인 푀양 파(Club des Feuillants)[4]가 240석,

---

4) 헌법의 벗 결사단(Société des Amis de la Constitution)으로 불리기도 하는 푀양 파는 프랑스 혁명기에 등장한 정치적 당파의 하나로, 입헌군주제를 지지하는 정파의 조합을 말한다. 자코뱅 클럽에서 분리되어 푀양 수도원을 중심으로 '푀양 클럽(Club des Feuillants)'을 결성했기 때문에 이렇게 불린다.

국왕 없는 공화제를 주장하는 자코뱅 파가 130석을 차지했다. 푀양 파는 주로 의사당의 우측에 앉았고 자코뱅 파는 좌측에 앉았는데, 이로 인해 온건한 세력은 우파, 급진적 세력은 좌파라고 부르는 관행이 생기게 되었다.

이와 같은 혁명 과정을 거치면서 프랑스의 정치 체제가 민주화의 길을 걷게 되었다. 혁명을 급진적으로 이끈 상퀼로트(Sans-culotte)[5]는 혁명 초기 참정권을 인정받지 못했던 무산계급이 다수를 차지하였다. 이들은 자본집중 반대 등 경제적 요구 이외에 직접민주주의를 통한 민중의 정치 참여, 자유보다는 평등, 국왕의 거부권 폐지, 공화제 실현 등 정치적 민주화를 요구하였다.

혁명이 급진적으로 변화하면서 입법의회는 정국 통제력을 상실하였고 상퀼로트, 자코뱅 파, 코르들리에 파, 지방에서 온 의용군 등이 파리를 장악하여 상황을 주도해 나갔다. 파리 시민과 의용군은 8월 10일 왕궁인 튀틀리 궁으로 몰려가서 국왕 일가를 모두 탕플 탑에 유폐했다. 또한 당통(Georges Jacques Danton, 1759~1794)이 이끄는 6인 임시내각이 구성되었으며, 빠른 시일 내 보통선거를 실시하여 국민공회(Convention nationale)를 구성할 것을 약속했다. 이 사건은 프랑스에서 군주제가 몰락하고 공화제가 시작되는 계기가 되었다.

1792년 9월 국민공회를 구성하기 위한 선거가 진행되었다. 이

5) 상퀼로트는 프랑스어로 "퀼로트를 입지 않은 사람"이라는 의미로, 프랑스 혁명의 추진력이 된 사회 계층을 지칭하는 말이다. 주로 수공업자, 장인, 소상인, 근로자 등 무산 시민으로 당시 파리에서는 빈곤층에 속했다. 급진적인 혁명을 추구한 민중을 지칭하는 말로 사용되기도 한다. 당시 귀족 남성들은 무릎까지 오는 반바지(퀼로트)를 입었는데 이들은 발목까지 내려오는 긴바지를 입었기에 붙여진 이름이다.

선거는 재산이나 소득에 상관없이 모든 남자에게 선거권이 주어지는 보통선거로 실시되었다. 선거 결과 749명의 새 의원들이 뽑혔으며, 국민공회가 소집되었다. 국민공회는 1792년 9월 21일, 군주제를 폐지하고 다음 날 공화정을 선포함으로써 프랑스 제1공화국이 수립되었다. 프랑스 헌법은 이에 따라 불과 1년 만에 폐지됐다.

급진화된 혁명세력이 장악한 국민공회는 혁명의 후퇴를 막고 혁명성과를 공고히 하기 위해 루이 16세를 혁명 재판에 회부, 사형을 확정했다. 1793년 1월 21일, 2만 명의 시민이 지켜보는 가운데 루이 16세는 파리의 혁명 광장(현재 콩코드 광장)에서 단두대로 처형되었다. 1793년 10월 16일에는 왕비 마리 앙투아네트도 퇴비 수레에 태워져 시내를 돈 이후 처형되었다.

이러한 상황에서 자코뱅 파(Club des jacobins)[6]는 독재 정치를 시작했다. 공안위원회, 보안위원회, 혁명재판소 등의 기관을 통해 공포 정치를 실시, 반대파를 차례로 단두대로 보냈다. 권력을 잡은 로베스피에르(Maximilien François Marie Isidore de Robespierre, 1758~1794)[7]는 당통(Georges Jacques Danton, 1759~1794), 에베르(Jacques René Hébert, 1757~1794), 라부아지에, 카미유 데뮬랭, 뤼실 두플레시 등 에베르 파[8]와 당통 파[9]를 숙청했고, 1793년 7월, 농민에 대한

---

6) 프랑스혁명기에 생긴 정파 중 하나로, 자유와 평등의 벗, 자코뱅회(Société des Jacobins, amis de la liberté et de l'égalité)를 말한다. 자코뱅이라는 이름은 파리 자코뱅 수도원을 본거지로 한 데서 유래되었다. 1792년 이전의 정식 명칭은 헌법 친우회(Société des Amis de la Constitution)였다.

7) 프랑스의 부르봉 왕조와 프랑스대혁명기의 정치인, 철학자, 법률가, 혁명가, 작가로, 프랑스혁명을 주도하였다. 공포정치를 행하다가 테르미도르의 쿠데타로 반대파에 의해 처형당했다.

8) 프랑스혁명기에 활동한 한 파벌로, 중요 회원 중 한 사람인 에베르의 이름을

토지의 무상 분배 등을 시행했다. 자코뱅 파는 8월 23일에 “국가총동원”을 선포하고 징병제를 실시하여 군비를 정돈하고 왕당파의 반란과 대불동맹군에 대해 반격에 나섰다.

1794년 7월 27일(혁명력 2년) 측근인 생 쥐스트(Louis Antoine Léon de Saint-Just, 1767~1794)[10)]와 함께 국민공회에 참석한 로베스피에르는 국민공회에서 의장 조제프 푸셰, 데르브와와 랑베르 탈리앵, 비요 바렌 등에게 탄핵을 당한다. 이날 탈리앵 등이 “폭군을 타도하자!”라는 연설을 하면서 로베스피에르 파의 체포를 요구하여, 로베스피에르, 쿠통, 생 쥐스트 등의 체포 결의가 통과되었다. 다음날 7월 28일 로베스피에르 등 22명은 자신들이 애용한 단두대에서 처형을 당한다.

로베스피에르가 처형된 후인 1795년 국민공회는 공화력 3년 헌법을 제정하고 이를 바탕으로 총재정부를 수립하였다. 그러나 총재정부는 출범하자마자 반대파들이 일으킨 반란에 직면하게 되었다. 1795년 10월 5일 반대파가 일으킨 반란은 나폴레옹 보나파르트 장군에 의해 진압되었다. 반대파의 반란을 진압한 나폴레옹 보나파르트는 이후 이탈리아 원정과 이집트 원정을 통해 국민 영웅으로 부

따 그렇게 불렸다. 특정한 지도자는 없었으며, 거의 대부분의 회원은 빈민, 급진적인 지식인들이었다. 대부분이 무신론의 영향을 받았기에 가톨릭의 완전한 철폐를 주장하였다.

9) 프랑스혁명기에 활동한 산악 파와 빈민과 노동자 및 급진 지식인들로 구성된 자코뱅 내 좌익 파벌을 말한다. ‘산악 파’로 지칭된 파벌은, 몽타뉴 파로 분류된 좌익 계파의 의석이 국민공회 의석에서 제일 위에 위치했기 때문이다.

10) 생 쥐스트는 프랑스 혁명 시대의 정치가이다. 로베스피에르 등과 함께 혁명 활동에 투신하였고, 로베스피에르의 공포정치를 지지하였다. 그는 로베스피에르의 오른팔로 불렸다.

상하였다.

나폴레옹은 1799년 쿠데타를 일으켜 총재정부를 전복시키고 통령정부를 수립하여 제1 통령의 자리에 올랐다. 프랑스 혁명으로 태어난 프랑스 제1공화국은 나폴레옹에 의해 시작된 프랑스 최초의 제정(帝政)으로 인해 10여년 만에 단명하며 막을 내렸다. 나폴레옹이 실각한 후 혁명으로 붕괴된 부르봉 왕조가 부활했다.

프랑스의 혁명 정신

프랑스혁명은 초기부터 자유와 평등, 박애를 내세웠다. 1789년 8월 26일 발표한 '프랑스 인권선언문' 제2항은 "자유와 소유권, 안전 그리고 억압에 대한 저항"이라고 밝혀 자유와 소유권, 안전(생존권), 저항권을 천명하고 있다. 1793년 제정된 '프랑스 헌법'에는 자유와 평등, 안전, 소유권을 규정하고 있다. 1799년 12월 15일의 '통령 정부 선언문'에는 "소유권, 평등 그리고 자유라는 거룩한 권리"로 나타나 있다, 1875년 제3공화국 헌법이 채택되면서, 자유와 평등, 박애가 프랑스 공화국의 공식 이념으로서 확고히 자리잡게 된 것이다.

이와 같이 프랑스혁명 정신에서 강조된 '자유'가, 민주주의의 핵심 가치라는 사실을 다시 한번 확인할 수 있다.

7 현대의 민주주의 행태

현대의 민주화 운동 특히 자유민주주의 국가에서의 민주화 논의는, '선거'에 초점을 맞추어 미시적으로 전개된다. 기계적 투·개표 관리 방식을 도입할 것인가의 여부, 사전투표 범위를 어디까지 허용할 것인지의 여부 등을 주로 따지게 된다. 물론 '아랍의 봄'이나 4·19 혁명에서 보듯이 '민주화'를 위한 유혈 투쟁이 없었던 것은 아니다.

현대의 민주주의 행태는 학술적 차원에서는 직접민주주의와 간접민주주의에 관한 논의로 전개된다.

직접민주주의와 간접민주주의의 관계에 대해 쉽게 얘기하자면, 우리나라의 여의도(국회)에서 국민의 대표자들이 국가 정책을 토론하고 결정하는 것이 대의민주제라면, 여야 정치인들이 정치적 교착상태를 돌파하기 위해 광화문 광장이나 시청 앞 광장으로 나가 시민을 직접 상대하고 호소하는 정치 행태를 직접민주제라고 할 수 있다. 언론들은 여의도를 팽개치고 거리로 나선 정치인들의 이러한 직접민주주의 행태를, 비민주적이라고 비판한다.

앞에서 민주주의의 진화 과정을 고대 아테네 민주주의, 로마 공화정, 그리고 중·근세의 민주화 혁명으로 나누어 살펴보았다. 이 책에서는 현대의 민주주의 행태를 학술적 차원에서 직접민주주의(direct democracy, pure democracy)와 간접민주주의(indirect democracy, psephocracy)로 나누어 살펴보고자 한다.

7-1 직접민주주의

직접민주제(直接民主制)는 대표자를 선출하지 않고 구성원 모두가 직접 정치 과정에 참여하여 의사 결정을 하는 민주주의 제도를 말한다. 대표자를 선출하여 정치 체제를 운영하는 간접민주제와 대비되는 개념이다. 고대 그리스 아테네에서 시민권을 가진 남성들이 다수결 원칙 아래 정치적 의사 결정에 직접 권한을 행사하는 형태로 실시되었었다.

고대 아테네에서 직접민주주의가 가능했던 것은 유권자의 크기가 작았기 때문이다. 기원전 4세기 아테네의 인구는 10만 명을 상회하였으나, 정치 과정에 참여할 수 있는 시민 계층은 2만 명에 불과했던 것으로 알려지고 있다. 그나마도 하층 시민들은 먹고 살기에 바쁘거나 정치에 무관심했다. 따라서 고대 아테네에서는 시민들의 정치 참여를 다양한 방법으로 독려하였다.

오늘날 직접민주 제도를 전 국가적으로 채택하여 운영하는 국가는 거의 없다. 단지 스위스와 같은 일부 나라가 직접 민주적 방식을 채택·운영하고 있을 뿐이다. 그러나 정보통신기술(IT)과 인터넷 기술의 획기적 발달은 다양한 직접민주적 방식을 가능하게 하고 있다.

인류의 역사를 더듬어 보면, 민주주의의 원형(原型)이라 할 수 있는 직접민주주의 방식을 구현하기 위한 다양한 시도들이 있었다. 식견(識見)이 부족하고 정치에 관심이 적은 사람들에 의한 중우정치(衆愚政治, ὀχλοκρατία, okhlokratía, ochlocracy)[1]를 방지하기 위해, 시민권을 제한하는 다양한 제도들이 도입되었었다. 즉 민주정의 진화 과정에서는 지식인 계층과 유산 계급만을 정치 과정에 참여시켜야 한다는 여러 주장들이 제기되고 실험되었다. 고대 아테네의 민주정에서도 노예와 여성을 배제한 제한된 '시민'에게만 참정권을 부여하였다. 고대 로마와 중세의 일정 시기에는 일정한 자산을 지닌 유산 계급만에게만 참정권이 허용되었다.

오늘날의 대한민국에서도 일부 식자(識者)들은 면제점 이하 소득자들의 비중이 40%가 넘는다는 사실을 지적하면서 책임 있는 정치적 의사 결정을 어떻게 이들에게 기대할 수 있겠는가 고 반문한다.

오늘날 대부분의 국가들은 대의민주제를 기본적 정치 체제로 하면서, 그것을 보완하는 방식으로 직접민주적 방식을 부분적으로

1) 중우정치란 올바른 정치적 판단력을 결여한 다수의 어리석은 민중이 이끄는 정치를 일컫는 말이다. 플라톤은 다수의 난폭한 폭민들이 이끄는 정치라는 뜻의 '폭민정치(暴民政治, mob rule)'라고 하였고, 그의 제자 아리스토텔레스는 다수의 빈민들이 정치적 의사결정을 좌지우지하는 '빈민정치'라고도 하였다.

도입한다. 21세기 들어 민주화가 성숙되면서 세계 여러 나라에서 찾아볼 수 있는 현상이다. 보완적으로 도입되는 직접민주주의 방식으로는 대표적으로 국민투표제,[2] 국민발안제,[3] 국민소환제(recall)[4] 등을 들 수 있다.

우리나라에서는 일부 지방자치단체에서 '주민참여예산제',[5] '국민소환제' 등의 직접민주제 방식이 도입·실험되고 있다.

우리나라에서 국민투표 제도는 헌법에 명시되어 있으나, 국민발안제나 국민소환제에 대해서는 헌법에 명시적 근거가 없으므로 개헌 없이 이러한 제도를 도입할 수 있는지에 대해 논란이 있다. 다만 헌법기관이 아닌 지방자치단체 차원에서 지방자치단체 주민의

---

2) 국민투표제는 헌법개정안이나 법률안을 국민의 직접 투표에 부쳐 최종적으로 결정하는 제도이다. 오늘날 대부분의 국가들이 채택하고 있다. 우리나라에서 헌법 개정은 반드시 국민투표를 거치게 되어 있으며, 그 밖에도 외교·국방·통일 기타 국가 안위에 관한 중요정책은 대통령이 국민투표에 부칠 수 있다. 그러나 국민투표 제도는 잘못 이용되면 독재 수단이 되기도 한다. 대한민국의 헌법재판소는 국민투표를 대통령의 신임과 결부하는 것은 헌법에 위반된다고 결정한 바 있다.

3) 국민발안제는 국민 스스로 헌법개정안이나 법률안을 제출할 수 있는 제도를 말한다.

4) 국민소환제는 선거직 공무원을 그 임기가 끝나기 전에 주민의 투표에 의해 파면시킬 수 있는 제도를 말한다. 주로 자질이 두드러지게 부족한 '불량' 대표가 그 표적이 된다. 지방자치단체 대표에 적용하는 경우 주민소환제(住民召還制)라 부른다.

5) 주민참여예산제는 예산편성 등 예산과정에 주민이 직접 참여하여 지역에 필요한 예산에 대한 지역주민들의 의견을 수렴하는 것으로 행정의 투명성을 확보하고 주민들의 참여와 그에 따른 적절한 권한 부여로 참여민주주의를 강화하는 제도다. 우리나라에서는 [예산편성 → 집행 → 결산 → 환류] 등 지방자치단체의 모든 예산과정에 주민이 직접 참여하게 된다. 우리나라의 주민참여예산제도는 2005년 지방재정법에 참여예산의 법적 근거가 마련되었다.

권리로 규정하는 것은 가능하다고 보고 있다. 실제로 지방자치법에는 주민투표권과 주민의 조례제정 · 개폐청구권(주민발안제), 그리고 지방자치단체장 · 지방의회의원에 대한 주민소환제를 두고 있다.

국민투표제라는 직접민주주의 제도는, 다른 측면에서 보면, 대의정치제도를 보완한다기보다는 그것을 근본적으로 뒤집고 독재체제를 강화하는 수단으로 활용되는 경우가 많았다. 프랑스의 초대 대통령이자 프랑스 제2 제국의 유일한 황제였던 샤를 루이 나폴레옹(Charles Louis Napoléon Bonaparte, 1808~1873)의 쿠데타를 승인한 1851년의 국민투표가 대표적이다. 그는 나폴레옹 1세의 조카로, 1848년 2월 혁명 이후 수립된 제2공화국에서 국민투표를 통해 대통령으로 선출되었다. 그는 1851년 친위 쿠데타를 일으켜 독재적 권력을 가진 대통령이 되었으며 이듬해 국민투표를 통해 신임을 얻은 후, 1852년 12월 제2제국(Le Second Empire)[6]을 선포하며 황제에 즉위했다. 1851년 12월 실시된 국민투표는 찬성이 748만 1,000표, 반대가 64만 7,000표였다. 프랑스의 주권자인 국민은 압도적으로 샤를 루이 나폴레옹의 쿠데타를 승인한 것이다.

직접민주주의의 전형적인 형태는 고대 아테네의 정치 체제에서 그리고 고대 로마의 민회 등에서 찾아볼 수 있다. 그러나 당시의 정치 체제는 시민권 자체가 제한되어 있었을 뿐만 아니라 정치 체제의 규모도 작았다. 따라서 고대 그리스나 로마의 정치 체제를 완벽

6) 프랑스의 제2 제국(帝國) 또는 제2 제정(帝政)은 1852년부터 1870년까지 존속된 나폴레옹 3세 통치기간의 프랑스 정치 체제를 말한다. 프랑스 제2 제국은 대내적으로 공공사업 · 철도 건설 · 은행 사업을 비롯해 공업과 농업 발전을 촉진시켰다.

한 의미의 직접민주제로 볼 수 없는 측면도 있다. 즉 고대 아테네의 민주정은 '생계' 등의 이유로 시민 모두가 정치 과정에 참여할 수 없다는 한계를 지녔으며, 그리스와 로마의 민회 제도는 인구 증가를 따라갈 수 없었으며, 정치 참여의 확대가 어려웠다는 문제점 등을 지녔다. 그리고 로마의 정치 체제는 그리스에 비하면 대의제에 가까웠다고 할 수 있다.

민주제라는 단어 자체는 본래 과두제나 군주제 또는 독재 체제 등 권력이 특정 인물 혹은 집단에 독과점되는 체제에 대응하는 뜻을 지녔다. 고대 아테네의 민주정 300년간 데모크라티아들이 민중의 지지를 이용하여 집권한 시기는 아테네 민주정의 위기라 칭하는 상황이었다, 고대 아테네에서 민주주의자는 다수 대중의 지지를 받아 그 의지를 체현한다고 주장한 참주들과 그 지지자들을 뜻하는 말로도 사용되었다. 이 참주들을 제거하기 위해 도편추방제와 같은 극약처방까지 하고 있었던 정치 제도였기에 이를 현대적 의미의 직접민주주의로 보기에는 다소 무리가 따르는 것으로 보인다.

거듭 얘기하지만, 고대 아테네의 직접민주주의는 시민 개개인의 참정의식이 뒷받침되어야 하기에 시민들이 정치에 대한 적극적인 참여 의식을 결여하게 되면 중우정치나 정치적 무관심으로 인한 정치 혼란에 빠지기 쉽다는 한계를 지닌다. 그리고 정치 집단이 커질수록 전체 의견을 고루 반영하기 어려워진다는 단점도 지닌다.

직접민주주의는 무엇보다 '국민 주권'이라는 민주정의 가장 기본적인 요소를 강조한다는 점에서 중요성을 지닌다. 이러한 관점에서 본다면 직접민주주의가 본질적으로 우월하다고 할 수 있다. 그러나 직접민주주의는 '적용 가능한 인구 규모'라는 피할 수 없는 한계를 지닌다. 그렇지만 정보통신기술(IT)과 인터넷이 발달한 오늘날에는 직접민주주의를 하고자 한다면 충분히 할 수 있는 방법이 있다. 그러나 오늘날에도 포퓰리즘과 같은 여러 정치적 선동과 정치 운동들 때문에 올바른 정보가 제대로 전달되지 못한다는 한계를 드러낸다. 또한 오늘날의 민주주의 정치 제도는 직접민주정의 근본적인 문제점들을 완화하기 위해 엘리트주의의 장점과 타협하기도 한다.

앞서 지적하였듯이 오늘날의 민주국가에서는 대부분 간접민주정을 기본 체계로 채택하면서도 이를 보완하기 위해 직접민주정의 방법을 부분적으로 도입하는 경우가 많다. 이를 '혼합민주주의(混合民主主義, anocracy)'[7]라고도 부른다. 혼합민주주의는 '참여민주주의(參與民主主義, participatory democracy)'[8] 또는 '심의민주주의(discursive democracy)'[9]라는 용어로도 불린다. 최근 들어 인터넷 기술의 발전 등으로 국민의 의사를 결집하고 대변할 수 있는 통로가 이전보다 더 넓게 열려 있기에 직접민주주의의 영역이 확대되고 있다.

오늘날 스위스를 제외하고는 국가 단위에서 직접민주주의를 시행하고 있는 나라가 많지 않다. 스위스는 직접민주주의 방식인 연방

7) 혼합민주주의 체제는 민주주의와 권위주의가 혼합된 정치 체제를 일컫는 말이다. 반민주주의(半民主主義, semi-democracy)라고도 불린다. 대표적인 국가로 싱가포르가 있다. 독재정에서 민주정으로 가는 과도기에 보이는 경우가 많지만, 혼합 체제를 영구적으로 유지하여 '안정적인 독재정'을 추구하는 경우도 없지 않다.

8) 참여민주주의는 정치 체제의 절대 다수가 성치적 의사 결정 과정에 자발적으로 참여하는 민주주의를 말한다. 참여민주주의는 정치 체제의 운영에 있어 유권자의 광범위한 참여를 강조한다.

9) 심의민주주의란 숙의(deliberation)가 의사결정의 중심이 되는 민주주의 형식을 말한다. 숙의민주주의(熟議民主主義, deliberative democracy)라고도 한다.

국민투표를 1년에 4~5차례 실시하고 있다. 리히텐슈타인 또한 1~2년 안에 1차례 국민투표를 하는 방식으로 직접민주주의를 시행한다. 그리고 카다피 치하의 리비아도 직접민주주의를 시행한 바 있으며, 남아메리카의 우루과이도 스위스의 정치체제를 본따 1950년대에 대통령제를 없애고 9명의 집정협의회가 다스리는 국가평의회 제도를 실시해 직접민주주의 정치와 가까운 합의 정치 체제를 시행한 바 있다. 그러나 우루과이는 1967년 개헌을 통해 이전의 대통령 중심제로 되돌아갔다.

직접민주주의와 간접민주주의는 각기 장단점을 지닌다. 직접민주주의는 국민이 직접 참여하는 기회의 보장이라는 장점을 지니는데 비해, 간접민주주의는 대표자들에 의한 신중한 논의와 토론을 통한 의사 결정과 절차적 간결성이라는 장점을 지닌다. 또한 직접민주주의에는 집단이기주의, 인기 영합적 정책 난무 등의 문제가 따르며, 간접민주주의에는 대표자의 적절성 문제 등의 난점이 따른다.

한국 정치는 그동안 세계 정치사회의 보편적 방식인 간접민주주의 즉 대의민주주의를 채택해 왔다. 그러나 최근 들어 시민들의 정치 참여가 폭발적으로 증가하면서 참여민주주의 즉 직접민주주의에 대한 열망이 강하게 드러나고 있다. 각종 단체의 집회와 시위가 자주 개최되고 있으며, 국민 신문고나 청와대 국민청원 등에 정부 정책과 행정에 대한 불만과 각종 제안들이 봇물 터지듯 게시되고 있다.

또한 근년 들어 정치인들이 직접 촛불을 들고 광장에 나서는 직접민주적 방식이 보편화되는가 하면, 대의민주제를 시행하더라도 사표(死票)가 많이 발생하는 소선거구제보다는 중대선거구제의 도입을 통해 대의민주주의의 결함을 보완, 대표성을 강화하는 방안이 활발하게 논의되고 있다. 다른 측면에서 보자면, 직접민주주의와 간접민주주의 사이의 경계가 점차 허물어지고 있다고 하겠다.

7-2 간접민주주의

직접민주정과 대비되는 간접민주정은 다음과 같다. 간접민주제(間接民主制, indirect democracy, psephocracy)는, 앞서 언급하였듯이, 시민들이 자신들을 대신해 정치적 의사 결정을 해 줄 대표자들을 선임하고, 그 대표자들이 구성하는 대의 정부(representative government)가 공동체의 중요한 의사를 결정하게 하는 정치 체제를 말한다. 간접민주제는 오늘날 대부분의 나라들이 채택하고 있는 정치 체제로, 직접민주제보다 선호되는 모델이다. 대의민주제(代議民主制, representative democracy)라고도 한다.

대의민주제는 근대 국가의 대규모성이라는 특성에 의해 형성된 것이다. 근대 이후 광범한 영토와 많은 인구를 기반으로 하는 민족국가가 형성된 상황에서 고대 아테네 도시 국가에서와 같이 직접민주주의를 시행하는 것은 현실적으로 불가능한 것으로 보인다. 밀(J. S. Mill, 1806~1873)은 “하나의 조그만 마을을 넘어서는 공동체에 속해 있는 모든 사람들이 공적 업무의 몇몇 작은 부분에 참여하는 것을 제외하고는 모든 공적 업무에 몸소 참여할 수 없기 때문에 완벽한 정부의 이상적인 형태는 대의정부일 수밖에 없다는 것이 당연하다"고 역설하였다. 즉 근대 국가의 크기와 인구 그리고 결정해야 할 사안들의 복잡성을 고려할 때, 효율적으로 운영될 수 있는 민주주의는 대의제 원리라고 할 수 있다.

대의민주주의는 또한 역할 분담이라는 측면에서도 의미를 갖는다. 오늘날 사회구성원 모두가 정치에 헌신할 필요가 있는 것도 아니며, 생산에 전념해야 할 구성원도 필요한바, 이들 사이에 역할을 나눌 필요가 있다는 차원에서 대의민주주의의 필요성이 제기되기도 한다. 그리고 대의민주주의는 다른 한편 빈자(貧者)들에 의한 다수의 전제를 막는다는 차원에서 필요성이 제기되기도 한다(임경훈, 2004: 47). 사실 적지 않은 민주주의의 옹호자들은 민주정에서 어떻게 하면 다수에 의한 전제 가능성을 방지할 수 있을 것인가를 고심하였다. 즉 일반 사람들에 의한 중우정치와 포퓰리즘적 경향을 어떻게 제어할 것인가에 많은 관심을 기울였다(조일수, 2020: 27).

사실 고대 아테네 민주정에서 '민주주의자'는 다수 대중의 지지를 받아 그 의지를 체현한다고 주장한 참주들과 그 지지자들을 뜻하는 말로도 사용되었다. 이 참주들을 제거하기 위해 도편추방제라는 극약처방까지 하였다는 사실을 우리는 알고 있다. 아테네 민주정에서 대중을 선동하고 그 지지를 받는 참주들은 끊임없이 나타났으며 이 참주들에 의해 그리스의 정치 체제는 수차례 독재정과 왕정으로 변화하기도 했었다. 극단적인 경우, 고대 아테네 인주정은 간접민주제와 유사하게 운영되었다고 주장되기도 한다.

2020년 12월의 한 여론조사 결과에 의하면, 한국의 국민이 원하는 민주주의의 형태는 '직접민주주의'인 것으로 나타났다. 국민이 직접 통치에 참여하는 직접민주주의와, 정치적 대리인들이 정치적 활동을 수행하는 대의민주주의, 그리고 강한 리더 중심의 통치에 대한 선호도를 각각 질문한 결과 현 정치 체제인 대의민주주의에 대한 선호가 가장 낮은 것으로 나타났다. 직접민주주의는 10점 만점에 평균 6.73점으로 가장 높았으며, 대의민주주의는 4.09점으로 세 통치 형태 중 가장 낮게 나타났다. 이는 대의민주주의 자체가 국민에게 외면받고 있다는 것을 보여준다. 이러한 관점에서 볼 때 오늘날 한국의 대의민주주의는 위기에 놓여 있다고 하겠다. 앞서 누차 지적하였듯이, 대의민주제는 여러 장점을 지님에도 불구하고 시민 참여의 제한, 대표의 실패, 정치적 소외감과 무관심 등으로 위기를 겪고 있으며, 세계 여러 나라는 시민 참여의 활성화 등을 통해 이러한 문제점을 극복하고 정당성을 확보하려고 노력하고 있다.

제 3 부

피로 얼룩진 민주화 도정(道程)

앞서 밝혔듯이, 문명화된 사회에서 '월가를 점령하라!(Occupy Wallstreet!)'는 시위에서와 같이 평화적으로 진행되는, '타협을 통한 민주화(transplacement)'에 익숙한 현대인들은 민주화가 거저 얻어진 것이라는 착각에 빠지기 쉽다. 그러나 역사적으로 살펴본 민주화 도정은 피로 얼룩져 있다. 가까이는 우리나라의 4 · 19혁명과 5 · 18 민주화운동 과정 등에서 그 사례를 찾아볼 수 있다.

앞서 밝혔듯이, 오늘날 눈부시게 발전하고 있는 정보통신(IT) 기술들은 민주주의에 대한 근본적 도전들에 대한 사회구성원들의 경각심을 무디게 한다. 다른 말로 하면 사소한 기술적 문제로 환원시키고 만다. 이러한 관점에서 제3부에서는 '피로 얼룩진 민주화 도정(道程)'을 간략하게나마 살펴보고자 한다.

이 책의 제3부에서는 아직도 우리의 기억에 생생한 4 · 19혁명과 5 · 18민주화운동 과정, 아랍의 봄, 그리고 최근의 인도 총선에서의 유혈 사태 등을 먼저 살펴보고, 그리스와 로마의 민주화 과정에서의 유혈 사태를 다루고자 한다. 그리고 서구 사회의 민주화 진척 과정에서 커다란 획을 그은 영국의 명예혁명과 프랑스대혁명 과정에서의 유혈 사태를 살펴보고자 한다.

8 현대의 민주화 운동 과정의 유혈 사태

8-1 한국의 4·19혁명과 5·18민주화 운동 과정의 유혈 사태

4·19혁명[1)]은 1960년 4월 19일 대한민국의 학생과 시민들이 이승만 정부의 3·15부정선거와 부정부패에 대항하여 일으킨 민주

1) 4·19혁명은 한동안 「혁명」 또는 「의거」로 지칭되었으나, 5·16 이후에는 「의거」로 공식화되어 갔다. 1960년대 말부터는 4·19혁명에 대한 개념이 「4·19의거」에서 「4·19」로 바뀌었다. 4·19혁명에 대한 역사적 가치판단이 정립되지 못하였기 때문이다. 물론 전공학자들은 「4·19」, 「4·19혁명」 등을 혼용해서 썼지만, 중·고등학교 교과서나 정부의 공식적 기록은 「4·19」 혹은 「4·19의거」였다. 이처럼 오랫동안 「의거」나 「4·19」로 불리던 4·19혁명에 대한 평가가 1993년에 이르러 비로소 그 의의와 정신이 재조명되어 「4·19혁명」으로 역사적 평가를 받게 되었다.

또한 그동안 공원묘지로 서울시에서 관리해 오던 4·19 묘지도 성역화 사업을 거쳐, 1995년 4월 19일 국립묘지로 승격되었다. 그리고 당초 서울 시청 앞에 설치하기로 했던 4·19 묘지 설치 장소를, 데모의 온상이 될 수 있다는 이유로 변두리인 수유리로 결정했다.

화 혁명을 말한다. 이승만대통령의 자유당 정부는 동년 3월 15일 치러진 정·부통령 선거에서 특히 이기붕 후보를 부통령으로 당선시키기 위해 4할 사전 투표, 투표함 바꿔치기 등의 부정 선거와 개표 조작을 하였다. 이에 반발한 학생들과 시민들이 대규모 시위를 벌이면서 유혈 사태가 발생하였다.

4월 18일 시위 참여 뒤 귀교하던 고려대 학생들이 정치 깡패들에 의해 피습을 당하기도 하였으며, 4월 19일에는 경찰이 대통령 관저인 경무대로 몰려드는 시위대를 향해 발포, 다수의 희생자가 발생했다. 경찰 발포 이후 시위대는 무장하여 경찰과 총격전을 벌이며 맞서기도 하였다. 전 국민적 저항과 군 지휘부의 무력 동원 거부에 봉착한 대통령 이승만이 4월 26일 하야를 발표함으로써 이승만의 자유당 정권은 몰락하였고, 이 혁명의 결과로 과도 정부를 거쳐 6월 15일 개헌에 제2공화국이 출범하였다.

4·19혁명 와중의 희생자 수는 주관 부서의 작성기준에 따라 조금씩 차이가 난다. '국립419민주묘지'의 관리 사무소에 따르면 국립419민주묘지에는 모두 510기가 모셔져 있다. 4·19혁명 당시 사망자 및 4·19혁명 부상자로서 이후에 사망한 분들이 모셔져 있는 제1 묘역 및 제2 묘역에는 216기 및 116기가 각각 모셔져 있다. 여기에 4·19혁명유공건국포장 수상자 포함 등을 포함하여 모두 510기가 된 것이다.

다음에서는 유혈 사태 발생 과정을 좀 더 자세하게 살펴보자. 4월 19일을 기해 서울 시내가 완전히 무정부상태에 빠지자 당황한 정부는 오후 3시, 서울 일원에 계엄령을 선포한 데 이어 부산·대구·광주·대전에도 계엄령을 선포했다. 밤늦게까지 산발적으로 계속되던 시위는 송요찬 계엄사령관을 필두로 계엄군이 서울에 진주하면서 일단 가라앉았으나, 하루 동안의 시위로 서울에서만 1백여 명, 부산에서 19명, 광주에서 8명 등 전국적으로 186명의 사망자와 6,026명의 부상자라는 엄청난 희생자를 냈다.

4월 18일에는 고려대학생 3천여 명이 국회의사당 앞에서 연좌데모를 한 뒤 귀교하던 중 신도환의 대한반공청년단과 정치 깡패 임화수 일당의 습격을 받아 한 명이 죽고 50여 명의 학생이 부상 당한 사건이 발생했다. 18일의 이 사건은 시위목적을 부정선거 규탄에서 '독재타도'로 전환시키는 계기가 되었다. 4월 19일에는 2만여 명의 대학생을 비롯한 많은 시위군중이 경무대 앞에 집결하자 경찰이 무차별 총격을 가하면서 사망 21명, 부상 172명의 대규모 희생자가 발생하였다. 경찰의 이와 같은 과잉 진압은 국민을 격노시켰고, 결국 엿새 후 대학교수들의 시국선언과 대통령 하야로 이어졌다. 4월 19일 이후 계엄령에 잠시 주춤했던 시위는 시간이 지남에 따라 더 확대되었다.

4월 19일의 발포 명령 사건과 관련하여 서울지방법원은 최인규 내무장관 등 피고인 3명에 대해 사형 등을 선고했다. 또한 장면 부통령 저격 배후사건과 관련하여 임흥순 서울시장 등 6명에 대해 사형을 선고하였다.

4·19혁명의 전개 과정을 날짜별 시간대별로 좀 더 자세히 살펴보면 다음과 같다. 1960년 3월 15일 자유당의 대대적인 3·15 부정선거가 도화선이 되어 마산에서 부정선거 규탄 시위가 벌어졌다. 당시 내무부 장관 최인규는 무자비하게 강경 진압하였다. 결국 3월 18일 내무부 장관 최인규와 치안국장 이가학이 마산 사건의 책임을

지고 사임하였고, 내무부 장관이 홍진기로 교체·임명되는 등 정국을 수습하려는 노력이 있었다.

4월 19일, 재선거와 이승만 대통령의 하야를 요구하는 시위대에 당황한 제1공화국 정부는 오후 3시 계엄령을 선포했다. 경찰로부터 무기를 탈취한 무장 시위대원들은 당일 저녁 무렵 종로와 을지로 일대를 휩쓸었다. 오후 6시 40분경 소방차와 트럭 등에 분승한 시위대원들이 종로3가를 지나다가 동대문 경찰서 앞을 통과할 무렵 경찰은 일제사격을 퍼부었다. 이곳에서 쌍방간 최초의 사격전이 벌어졌다. 수백 명의 시위대는 숭인동 근처에서 경찰의 저지를 받고 잠시 주춤했으나 밤 8시경부터는 동대문에서 청량리에 이르는 연도의 파출소를 모조리 불태우면서 27자루의 카빈총을 탈취, 창동 쪽으로 몰려갔다.

계엄령에 주춤했던 시위는 시간이 지남에 따라 더욱 확산되었다. 4월 23일, 장면 부통령이 사임하고 민주화를 위해 노력할 것을 선언하였다. 4월 25일에는 대학교수들까지 시위에 참여함으로써, 이승만의 제1공화국 정부는 무너지게 되었다.

학생을 중심으로 진행되던 시위가 사회 전 계층으로 확산되자, 주한 미국대사 매카나기가 이승만 대통령을 찾아가서 하야할 것을 권유하였다. 법무부 장관 권승렬, 외무부 장관 허정 등도 이승만의 하야를 요청했다. 이에 이승만은 자유당 당직을 사퇴하고 대통령직에만 전념하겠다고 하였다. 그러나 매카나기 대사를 만난 이승만 대통령은 이 모든 사태가 장면과 교회세력의 지시라고 변명했다.

4월 25일 발생한 대학 교수단 데모를 좀 더 자세히 살펴보자. 1960년 4월 25일 오후 3시 서울대학교 교수회관에 모인 27개 대학

교수 258명은 "대통령을 위시한 여야 국회의원들과 대법관 등은 3·15부정선거와 4·19사태의 책임을 지고 물러나는 동시에 재선거를 실시하라"는 요지의 14개 항의 시국선언문을 발표했다. 이어 4백여 교수들은 "4·19의거로 쓰러진 학생의 피에 보답하라"는 슬로건을 내걸고 서울시가를 행진했다. 이 4·25교수단 데모는 26일 다시 대대적인 데모를 촉발시킴으로써 마침내 이승만 대통령의 하야를 촉진하는 결정적 계기가 되었다. 이승만 대통령은 4월 26일 오후 1시 라디오 연설을 통해 대통령 자리에서 하야하겠다고 발표했다.

1960년 4월 26일 오후 2시, 국회는 이 대통령 즉시 하야, 정·부통령 선거 재개, 내각책임제 개헌 등을 만장일치로 결의하였고 4월 27일 오후 3시에는 국회에 제출된 이 대통령 사임서가 수리되었다. 외무부 장관 허정이 수석국무위원 자격으로 대통령 권한대행이 되었고 이승만 부부는 경무대를 떠나 이화장으로 갔다. 5월 30일 국회에서는 이승만 대통령의 망명에 대한 책임추궁이 있었으나, 허정 대통령 권한대행은 이승만 대통령의 이한(離韓)은 오히려 시국수습에 도움이 될 것이며 필요하면 언제든 소환할 수 있다고 답변하였다. 한편 장면 민주당 대표는 과도정부에 이승만의 탈출 경위와 진상을 밝히도록 요구하고, 부패와 독재, 학정에 대한 인책·사과를 하지 않고 망명함은 무책임한 행동이라는 성명을 발표하여 과도 정부를 비난했다.

동년 6월 12일 내각제 개헌안이 통과되면서 내각수반이었던 허정을 국무총리로 추대하였다. 그리고 8월 12일 국회 선거를 통해 대통령 윤보선을 선출했다. 그러나 제2 공화국은 이듬해인 1961년 박정희 전 대통령이 주도한 5·16 쿠데타에 의하여 막을 내리게 되고

1979년까지 지속될 장기집권이 시작되었다.

다음에서는 한국의 5·18민주화운동 과정의 유혈 사태를 간략하게 살펴보자. 5·18민주화운동은 1980년 5월 18일부터 5월 28일까지 광주 시민과 전라남도민이 중심이 되어, 민주 정부의 조속한 수립, 신군부 세력의 퇴진 및 계엄령 철폐 등을 요구하며 전개된 한국의 민주화 운동을 말한다.

보안사령부를 중심으로 한 신군부 세력은 1212사태[2)]를 통해 군권을 장악한 뒤, 5·17 비상계엄 전국확대 조치를 통해 시민들의 민주화 요구를 폭력으로 진압하였다. 이후 무장한 시민군과 계엄군 사이에 교전이 벌어져 다수의 사상자가 발생하였다. 10일에 걸친 광주 민주화 운동 결과 사망 166명, 행방불명 54명, 상이 후유증 사망자 376명, 부상 3,139명 등에 달하는 인명피해가 발생한 것으로 집계되었다.

1988년 제5 공화국 비리 청산 작업과 1993년 문민정부 출범 등을 계기로 5·18민주화운동의 성격 규정과 진상 조사가 이루어졌다. 특히 1993년 5월 13에는 김영삼 당시 대통령이 5·13 담화를 통해 "문민정부는 5·18민주화운동의 연장선상에 있는 정부"라고 선언하였다. 이어 1996년에는 검찰이 신군부 인사의 쿠데타를 통한 집권 의도와 5·18민주화운동 유혈 진압 책임을 구체적으로 밝혀냈다.

2) 1212사태는 1979년 12월 12일 계엄사령부 합동수사본부장(당시 보안사령관)이 계엄사령관 정승화 육군 참모총장을 체포해 쿠데타를 일으켜 군권을 장악한 사건을 말한다.

검찰은 당시 보안사령관 겸 중앙정보부장 서리 전두환을 필두로 한 신군부가 1980년 5월 초순경 정권을 장악하려는 의도에서 국회와 내각을 무력화하고, 정치인 체포, '비상계엄 전국확대', '국회해산', '국가보위 비상기구 설치' 등을 골자로 하는 집권 시나리오를 짠 것으로 밝혔다.

당시 상황을 좀 더 자세히 살펴보자면 다음과 같다. 신군부는 5월 17일 24시에 5·17 비상계엄 전국확대 조치를 내렸다. 신군부는 5월 18일 새벽 2시에 국회를 무력으로 봉쇄해 헌정중단 사태가 발생했다. 김대중, 김종필 등 정치인 26명은 합동수사본부로 연행됐고, 2,600여 명의 학생·교수·재야인사 등이 체포됐다. 신민당 총재 김영삼은 무장헌병들에게 가택 연금당했다. 학생과 시민들은 신군부가 이날 내린 비상계엄 전국확대 조치·정치 활동 금지·휴교령 등의 민주주의 역행 조치에 항의하였으며, 신군부에서 파견한 공수부대는 학생들을 구타·폭행으로 진압했다.

계엄군은 민주화를 요구하는 학생과 일반 시민을 가리지 않고 무자비하게 살상했다. 시위를 진압하기 위해 나선 계엄군은 20일 24시의 발포 이후 2군 사령부로부터 발포금지와 실탄 배분 금지 명령이 떨어졌지만, 11공수 여단은 이를 무시하고 실탄을 분배했고, 다음날인 5월 21일에는 계엄군의 집단발포로 연결됐다. 집단 발포가 일어난 21일 오후부터 시민들은 계엄군의 폭력으로부터 자신들을 지키기 위해 무장을 하기 시작했다. 시민들은 나주시, 화순군 지역에서 경찰서와 파출소의 예비군 무기고를 열어 총을 들고 무장해, 시민군을 결성했다. 5월 21일 21시 30분에는 계엄군에 방어적 발포를 승인하는 자위권 발동이 고지되고, 실탄이 분배되기 시작하면서 계엄군이 무차별 발포에 나서는데 직접적 영향을 미쳤다. 5월 24일에는 계엄군 간 2차례 오인 교전이 일어나 계엄군 13명이 사망했다.

22일 이후 계엄군에 의해 외부와의 통신과 교통이 차단된 상황에서 시민군들은 계속해서 계엄의 해제, 연행 인사 석방 등을 요구하는 시위를 계속하였다. 일부 지식인들은 민주화 항쟁 당시 광주를 프랑스 시민들의 자치가 시행된 파리 코뮌 당시의 파리에 비유하기도 한다. 5월 27일 새벽, 진압군 25,000명을 투입한 계엄군은 도청에서 1만여 발을 사격해 끝까지 남아 항전하던 시민군을 살상했다. 날이 밝으면서 계엄군이 도청을 점령, 시민군 생존자를 체포・연행하면서 진압 작전은 마무리되었다.

다음에서는 5・18민주화운동의 '날짜별 상세 일지' 및 '피해자 규모'를 살펴보자.

- **5월 1일부터 5월 15일까지**: 전국 대학생 10~20만 명이 모여 지상 서울역 광장 주변에서 집회.

- **5월 17일 토요일**
  - **21시 40분**: 비상국무회의에서 비상계엄 전국확대 의결.
  - **22시 00분**: 민주인사, 복적생, 학생운동 지도부 등 예비 검속 실시.
  - **24시 00분**: 5월 17일 24시부로 비상계엄령을 전국으로 확대. 신군부 계엄포고 제10호를 통해 정치활동 금지, 언론 검열 강화, 대학교 휴교령 선포. 주요 도시의 각 대학에 계엄군 진주. 전주 전북대에 주둔한 계엄군은 도서관에서

공부하던 학생까지도 잡아들여 폭행. 이 과정에서 대학생 사망자가 1명 발생.

■ **5월 18일 일요일**

- **01~02시 경:** 보안사령부(사령관 전두환)가 김대중 등 재야 인사와 김종필 등 공화당 지도자를 체포하고 여의도 국회 의사당을 점령. 국회 기능 마비.
- **09시 40분:** 계엄군에 의해 전남대 학생 50여 명이 교문 앞에서 등교 저지 당함.
- **10시 00분:** 전남대학교 주둔 계엄군을 상대로 전남대학교 학생들이 "계엄 해제하라", "휴교령 철폐하라."라는 구호를 외치며 항의 시위를 벌임. 이 과정에서 공수부대를 향해 투석을 시작.
- **10시 15분:** 학생들이 던진 돌에 부상자가 발생한 데에 분개한 계엄군(공수부대원들)이 곤봉을 휘두르며 항의 시위 진압. 학생들이 피를 흘리며 쓰러짐. (계엄군측, 시민측 첫 번째 부상자 발생).
- **15시 40분:** 금남로 유동 삼거리에서 계엄군이 시위대를 강경 진압. 진압 과정에서 시위대로 추정되는 시민들을 잡아다가 구타 및 현장 체포함.
- **19시 02분:** 계엄사령부, 통행금지령 확대 국내외 방송을 통해 통행금지 시간을 저녁 9시로 당긴다고 발표함.

■ 5월 19일 월요일

- **03시 00분**: 11 공수여단이 증원군으로 광주 도착(청각장애인 김경철 병원에서 사망 – 두 번째 희생자).
- **09시 30분**: 시민들이 계엄군의 무자비한 탄압에 맞서 임동, 누문동 파출소 방화
- **16시 30분**: 계림 파출소 근처에서 조선대학교 부속 고등학교 학생 김영찬이 총격 부상을 당함(최초의 실탄 사격).

■ 5월 20일 화요일

- **08시 00분**: 고등학생들의 참여에 자극받은 정부는 문교부를 통해 광주 시내 및 광산군, 나주군 일대 고등학교에 휴교 조치 하달.
- **20시 10분**: 시위대, 도청으로 서서히 이동. 금남로, 충장로 등에서 택시와 차량에 가로막힌 공수부대 및 경찰과 대치.
- **20시 00분**: 3공수, 11공수 여단장 실탄 분배 지시 (3공수여단장 실탄 장착 지시, 11공수의 경우 61대대, 62대대가 각각 1,000여 발씩 분배)
- **21시 05분**: 노동청 쪽에서 시위대 버스가 경찰 저지선으로 돌진해 경찰 4명 사망.
- **21시 50분**: 광주민주화운동을 왜곡 보도한 광주 MBC 건물 방화.
- **23시 00분**: 광주역 광장에서 계엄군 발포. 시민 김만두, 김재화, 이북일, 김재수 사망. 시민 수십 명 부상.

■ **5월 21일 수요일**

- **00시 35분**: 노동청 방면에서 군중 2만여 명이 계엄군과 공방전 전개, 광주역에서 철수하던 계엄군, 대검과 곤봉 등으로 시위대 2명 살해. 계엄군 측 부상자 5명으로 보고됨.
- **04시 00분**: 시민들이 광주역 광장에서 사망한 시체 2구를 손수레에 싣고 금남로에 등장함.
- **04시 30분**: 광주 KBS 건물 방화.
- **08시 00분**: 시위대, 광주공업단지 입구에서 진압 명령을 받고 투입된 20사단 병력과 충돌함.
- **10시 00분**: 시민들이 아시아자동차공장에서 군용 트럭, 장갑차 탈취해 광주시 내로 몰고 들어옴.
- **10시 15분**: 도청 앞, 실탄을 지급받은 공수부대원을 맨 앞으로 배치함.
- **12시 10분**: 전남대 진출을 시도한 시위대가 전남대 앞에 배치된 공수부대원들의 저지에 밀려 신안동 굴다리까지 1km 후퇴. 공수부대의 진압 도중 시민 4명 사망함.
- **13시 00분**: 공수부대의 집단 발포가 시작됨.
- **13시 20분**: 청년들이 금남로에서 공수부대의 집중사격을 받고 계속 쓰러짐, 이때부터 공수부대원들이 주요 빌딩에 올라가 시위대를 향해 조준 사격 시작.
- **14시 00분**: 시위대가 나주시, 화순군 등지의 예비군 무기고에서 무기를 탈취해 무장 시작.
- **14시 40분**: 시민들이 지원동의 탄약고에서 TNT 입수.
- **16시 00분**: 화순군, 나주군 지역에서 무기 획득한 시위대

들이 도청 앞에서 시가전 전개.

- **16시 43분**: 학생들, 전남대병원 옥상에 M2 중기관총 2대 설치.

■ 5월 22일 목요일

- **15시 58분**: 시체 18구를 도청광장에 안치한 채 시민대회 개최.
- **17시 40분**: 도청광장에 시체 23구 도착.
- **18시 00분**: 20사단이 통합병원 진입로 확보를 위해 1km 전진하며 사격, 작전 중 지역 주민 8명 사망.

■ 5월 23일 금요일

- **10시 15분**: 수습위원회 무기회수반을 조직해 총기 회수 작업 시작.
- **13시 00분**: 지원동 주남 마을 앞에서 공수부대가 소형버스에 총격, 17명 사망.

■ 5월 24일 토요일

- **13시 20분**: 11공수부대, 원제 마을 저수지에서 수영하던 소년들에게 사격. 4명 사망.
- **14시 20분**: 송암동에서 11공수부대와 전투교육사령부 부대 사이에 오인 총격전 발생 9명 사망 40여명 부상, 오인 총격전 직후 공수부대원이 주변 민가를 수색해 마을 청년 4명 처형.

■ **5월 26일 월요일**

- **08시 00분**: 시민수습대책위원들, 계엄군의 시내 진입 저지를 위해 농성동에서 죽음의 행진 감행.
- **24시 00분**: 시내전화 일제히 두절됨.

■ **5월 27일 화요일**

- **02시 00분**: 계엄군의 광주시 진입.
- **04시 00분**: 도청 주변 완전 포위, 금남로에서 시가전 전개.
- **04시 10분**: 계엄군 특공대, 도청 안에 있던 시민군에게 사격.
- **05시 10분**: 계엄군, 도청을 비롯한 시내 전역을 장악하고 진압 작전 종료.

[피해 규모]

- 망월묘지공원: 5·18광주민주화 운동으로 인한 사망자 및 행방불명자는 약 200여 명. 부상자 등 피해자는 약 4,300여 명.

* 광주광역시가 2009년에 5·18광주민주화 운동 29주년을 맞아 당시 목숨을 잃거나 다친 사람을 집계한 결과: 사망자 163명, 행방불명자 166명, 부상 뒤 숨진 사람 101명, 부상자 3,139명, 구속 및 구금 등의 기타 피해자 1,589명, 무연고자 등 총 5,189명으로 확인. 검찰은 1994년에 사상자 수를 발표했지만, 최초 발포 명령자와 암매장 장소와 같은 핵심 쟁점이 밝혀지지 않으면서, 이 문제는 미완의 과제로 남

아 있음. 5·18민주화운동 관련 보상자 통계에 의하면, 사망자 240명, 행방불명자 409명, 상이 2,052명 등 총 7,716명이 보상금을 신청함, 이 중 인정된 보상자는 사망자 154명, 행방불명자 70명, 상이 1,628명 등 총 5,060명이다. 보상금 수령자 총 5,060명 중 중복 지급자 698명을 제외할 경우, 보상금 수령자는 4,362명임.

이와 같이 한국의 민주화를 위한 4·19혁명과 5·18민주화운동 과정은 피로 얼룩져 있음을 알 수 있다.

8-2 아랍의 봄 혁명 과정의 유혈 사태

'아랍의 봄'은 2010년 12월 이후 튀니지, 리비아, 알제리, 이집트 등 북아프리카와 이란, 요르단, 예멘 등 중동 지역에서 민주화를 추구한 일련의 반정부 시위 및 혁명의 물결을 말한다. 반독재-반정부에 초점이 두어진 '아랍의 봄' 시위는, 큰 범주에서 '민주화' 운동의 일환으로 보아야 될 것이며 그 진행 과정에 여러 지역에서 유혈 사태가 빚어졌다.

여러 시위 가운데 튀니지, 이집트, 예멘에서의 반정부 시위는 정권 교체로 이어졌으며, 이러한 관점에서 혁명으로 불리게 되었다. 그 시초는 2010년 12월 18일, 튀니지 청년 모하마드 부아지지의 분신 자살 사건으로 촉발됐다. '아랍의 봄' 시위는 독재, 인권 침해, 정부의 부패, 경기침체, 실직 등 여러 요인에 의해 촉발된 것으로 분석되고 있으나 핵심적 요인은 '민주화'로 요약될 수 있다. 이 민주화 과정에서 많은 희생자가 발생했다. 사건의 발단이 된 튀니지의 경우를 보면, 부아지지의 분신 사건 발생 이전인 2008년 가프사 탄광 지역에서 수개월 간 지속된 시위 과정에서 수명의 사망자와 수십 명의 부상자가 발생했으며, '아랍의 봄' 시위 과정에서는 경찰의 폭력 진압으로 수십 명의 사상자가 발생했다.

분석가들은 아랍의 봄으로 성공한 나라는 사실상 튀니지밖에 없다고 주장한다. 23년간 장기 집권한 튀니지의 지네 엘 아브디네 벤 알리 대통령은 2011년 1월 14일 축출되어, 사우디아라비아로 도피했다. 이집트는 다시 군부 독재로 되돌아갔으며, 바레인은 혁명에 실패한 이후 지금까지 왕정 독재가 유지되고 있다. 리비아는 다시 분열되었고, 시리아는 여전히 내전이 끝나지 않고 있다. 관찰자들은 이러한 현상들을 '아랍의 겨울'로 표기하기도 한다. 시리아 내전으로 인한 그때까지의 사망자 수는 32,000명에서 37,800명 사이로 추정되고 있다(국제 추정치).

리비아에서는 2011년 2월 15일 시작된 반정부 시위와 내전으로 인해, 특히 내전에 의한 교전으로 최소 6천 명 이상이 사망한 것으로 추정된다. 모로코 정부 또한 시위 과정에서 많은 사상자를 발생시켰다. 모로코는 특히 행정력을 뻗고 있는 서부 사하라의 남부지역(Southern Provinces)에서 많은 피해를 초래했다.

모로코의 알 하우즈 주에서는 2023년 9월 8일 리히터 규모 7.4의 강진이 발생했는데, 모로코 국왕은 국제 사회의 지원을 거부하는 기이한 반응을 보였다. 막심한 피해를 극복하기 위해서는 국제 사회의 지원이 아쉬운 상황에서 모로코 정부가 국제 사회의 지원을 거부한 것은, '아랍의 봄' 사태 당시 모로코의 민주화를 촉구하는 국제 사회의 간섭에 대한 불쾌한 경험 때문이었으리라고 필자들은 생각한다. 알 하우즈 주에서의 지진으로 사망자 2901명, 부상자 5530명이 발생했다고 모로코 국영 TV는 보도했는데, 일부에서는 이번 지진으로 최대 1만 명의 사망자가 발생할 수 있다고 우려했다. 모로코는 9월 10일 3일간의 국가애도기간을 선포했다. 다시 한범 강조하거니와 지진 피해를 극복하기 위해서는 국제 사회 지원이 절실했음에도 불구하고 모로코 국왕이 국제 사회의 지원을 거부한 것은, '아랍의 봄' 사태 당시의 불쾌한 경험 때문이었으리라고 생각된다. 여러 국가들이 앞다퉈 모로코 지원 의사를 밝혔지만 모로코 정부가 지원을 승인한 국가는 스페인과 영국 등 4개국에 불과하였다. 모로코 정부는 국외 지원을 모두 받아들일 경우 조율이 어렵다는 이해할 수 없는 핑계를 내세웠다.

'아랍의 봄' 사태 당시 국제 사회에서는 수많은 아랍 국가에서 정부가 시위대의 활동을 강압적으로 억누르자 외교 관계를 단절하는 등 비판의 목소리를 높였다. 예를 들어 영국 외무 장관 윌리엄 헤이그는 2011년 2월 12일 관련 정부들이 시위대를 억압하는 행위를 중지하고 민주적인 개혁을 포괄적으로 실시해야 한다는 뜻을 밝혔으며, 미국 정부는 이란이 시리아 정부에 대해 진압 수단을 제공했을 가능성이 있다고 비난하고 나섰다.

8-3 미얀마의 쿠데타와 '봄혁명' 과정의 유혈 사태

2020년 미얀마 연방공화국 연방의회 의원 총선거에서 민족민주연맹은 476석 가운데 396석을 차지하며 이전보다 더 많은 의석수를 차지하게 되자, 미얀마 군부는 부정선거가 있었다고 주장하면서 당선결과를 인정하지 않았다. 미얀마 군은 급기야 2021년 2월 1일 쿠데타를 일으켰다. 이튿날인 2월 2일에는 미얀마 연방공화국 군 최고사령관 민 아웅 흘라잉이 11명으로 이루어진 최고 집행 기구인 국가행정평의회를 만들고 위원장 자리에 올랐다. 미얀마 군은 또한 향후 1년 간 미얀마 연방공화국의 정권을 잡을 것이라고 밝히면서 기존 선거를 취소한 뒤, 선거를 새로 실시하고 정권을 이양할 것이라고 밝혔다.

한편 미얀마 경찰은 2월 3일 아웅산수찌 전 미얀마 연방공화국 국가 고문 겸 민족민주연맹 대표를 수출입법 위반 혐의로 기소했다.

이에 대해 미얀마 연방공화국 전역의 공무원들과 의료계 종사자들이 2021년 2월 2일부터 쿠데타에 반대하며 전국적인 시위와 시민 불복종 운동을 펼쳤다. 그들은 군사독재 정권의 타도와 민주화 그리고 아웅산수찌 전 미얀마 연방공화국 국가 고문 겸 국민민주연맹 총재의 석방을 요구하며 반정부 시위를 전개한 것이다.

정당성을 상실한 군부는 잔혹한 폭력으로 시민들을 억누르기 위해 어린아이들에게까지 무차별 총격을 가하는 등 1500명의 목숨을 빼앗고 8,700명 넘는 시민들을 체포했다. 미얀마 국민들은 민주 진영의 임시정부인 미얀마 민족통합정부(NUG)를 꾸리고, 많은 청년들이 소수민족 반군과 함께 무장 투쟁에 나섰다.

역사상 독재자들에게 항거하는 수많은 민주화 투쟁이 왕당파 등 집권 세력의 무력에 의해 진압당했다. 이 과정에서 수많은 인민들이 피를 흘리는 유혈 사태가 벌어졌다. 이전에는 왕정이 탄압의 상징적 주체였으나, 오늘날에는 (쿠데타 세력 등) 군부 세력이 민주화 운동의 탄압 주체가 되는 경우가 많다.

1962년의 쿠데타 이래로 군사 정권이 들어선 미얀마 연방공화국에서는 2011년부터 2015년까지 점진적으로 민주주의 정권으로의 이양이 이루어졌다. 2015년 미얀마 총선거에서는 아웅산수찌가 이끄는 민족민주연맹이 과반수를 넘는 수의 의석을 차지했다. 그러나 미얀마 연방공화국 군은 여전히 상당한 권력을 유지했으며 미얀마 의회의 의석 가운데 4분지 1을 차지했다. 2020년의 미얀마 연방공화국 연방의회 의원 총선거에서 민족민주연맹은 476석 가운데 396석을 차지하며 이전보다 더 많은 의석수를 차지했으며, 미얀마 군과 연계된 연방단결발전당은 33석을 차지했다. 미얀마 군은 부정선거가 있었다고 주장하면서 선거 결과를 인정하지 않았다.

군부의 쿠데타에 대해 미얀마 연방공화국 전역의 공무원들과 의료계 종사자들이 쿠데타에 반대하며 전국적인 시민 불복종 운동을 펼쳤다. 공무원과 시민들의 반 군사쿠데타 시위를 미얀마 군은 무력으로 진압했다. 2월 9일에는 반 군사쿠데타 시위에 참가한 여성이 미얀마 경찰의 실탄 사격을 받고 뇌사 상태에 빠졌으며, 2월 27일 날에도 여성 한 명이 총탄에 맞아서 그 자리에서 사망했다.

정당성을 상실한 미얀마 군부는 잔혹한 폭력으로 시민들을 억눌렀다. 어린아이들에게까지 무차별 총격을 가하는 등 1500명의 목숨을 빼앗았고 8700명 넘는 시민들을 체포했다. 이와 같이 현대 사회에서도 민주화 도정은 피로 얼룩져 있다.

미얀마의 민주화 운동은 여러 이름으로 불린다. 1988년 8월 8일부터 9월 16일까지 있었던 8888항쟁에 빗대어 22222항쟁(2021년 2월 22일)이라 불리기도 한다. 이외에도 '봄 혁명' 등 여러 명칭이 사용된다.

평화주의를 고수하며 시위 등을 통해 군사반란을 반대하는 뜻을 펼치는 시민들을 군경은 지속적으로 살해하는 등 폭동적 시위진압을 고수하자 끝내 시민들도 저항권을 발동시키면서 자체적으로 무장하기 시작했고, 5월 5일, 미얀마 시민방위군이 창설되었다. 결국 2021년 9월에는 반군부 진영인 국민통합정부가 군부에 전쟁을 선포하면서 군부와 반군부 간의 전쟁이 시작되어 사실상의 내전에 들어갔다.

8-4 인도 총선 과정의 유혈 사태

민주화 도정의 유혈 사태는 먼 옛날의 얘기가 아니다. 문화방송(MBC)의 2023년 7월 9일 자 보도에 의하면, 21세기에 그것도 '세계 최대 최고의 민주주의가 시행되고 있다는 인도'에서 대규모 부정선거가 자행되고 수십 명의 사상자가 발생하는 폭력 사태가 빚어진 것이다. 문화방송은 이날 인도 동북부의 한 지방자치단체 선거에서 한 사람이 투표용지를 뭉치째 들고 와서 투표를 하는가 하면, 투표함을 통째로 훔쳐 달아나기도 하고, 급기야 폭력 사태에 총기까지 등장, 수십 명의 사상자가 발생한 상황을 생생하게 전했다. 이날의 '부정투표' 충돌로 최소한 19명이 사망한 것으로 알려졌다.

인도의 선거가 민주적이라고 하는 이유는 투표권이 헌법으로 잘 보장돼 있기 때문이다. 인도 헌법에는 유권자 거주지 반경 2km 이내에 투표소를 설치하도록 되어 있다. 넓은 땅에 흩어져 있는 유권자들이 투표소에 가기 어려워 투표를 못하는 일이 없도록 반드시 유권자 거주지 근처에 투표소를 설치토록 한 것이다. 인도에서는 전자투표로 하루만 개표한다. 뽑지 않을 권리도 인정되고 있다. 인도는 수천 년간 지속된 신분 제도와 극심한 빈부 격차, 종교 분쟁으로 악명 높은 사회다. 13억 5000만 명이 넘는 인도 인구(2019년 UN 조사에 의하면, 13억 5264만 2천 280명)는 폭발적 증가로, 새로 투표권을 가진 젊은 유권자만 5년 사이에 1억5000만 명이 늘어, 18세 이상의 총 유권자 수는 9억 명이 넘는 것으로 알려져 있다. 유권자 9억명은 유럽이나 아프리카 전체의 숫자보다도 많다. 투표율도 낮지 않아 '세계 최대의 민주주의 축제'라는 말이 어색하지 않다.

한국의 나우뉴스(Nownews) 2023년 7월 10일 자 보도에 따르면, 인도 서벵골주 지방선거가 투표 조작과 방해, 폭력 사건으로 물들어 최소 7명이 사망하고 수십 명이 상해를 입었다. 이 보도에 의하면 AP통신 등 외신은 2023년 7월 8일(현지시간) 서벵골주 경찰청의 수사 보고 내용을 인용해 '(인도 서벵골주의) 지방자치단체 선거 중 폭력 사건과 관련하여 최소 1,300건 이상의 주민 신고가 있었다'고 보도했다.

현지 언론의 보도에 따르면, 투표지를 뭉치째 들고 온 남성이 자신이 지지하는 후보란에 도장을 연달아 찍는가 하면, 미리 찍은 투표지를 두둑이 들고 와 투표함에 넣거나, 현장에서 바꿔치는 경우도 상당수였다. 투표함을 통째로 훔쳐 황급히 달아나는 남성의 모습이 카메라에 포착되기도 했다. 각당 지지자들은 지지 후보에 유리한 투표 결과를 얻기 위해 총을 쏘고, 몽둥이를 휘두르며 충돌했다. 이도 저도 안 되면 투표함과 투표소에 불을 지르고, 집기를 마구 부수기도 했다.

선거가 한창 진행 중인 이 지역 일대를 담은 영상에는 각 지역 투표소 밖에서 투표함에 불을 지르며 환호하는 유권자들의 폭력적인 모습과 각 정당 지지자들이 곤봉을 들고 거리를 배회하는 등의 모습이 담겨 있었다. 또한 이 일대 암시장에서는 선거가 진행되는 동안 무려 200여 개의 사제 폭탄이 유통 중인 것을 현지 경찰이 확인해 압수한 것으로 알려졌다. 관할 경찰은 해당 사제 폭탄의 목적이 선거 기간 동안 유권자들을 공격하거나 위협하기 위한 수단이었을 것이라고 추측했다. 인도 켈커다 주 당국은 투표소 인근에 대규모 군경을 배치하여 만일의 사태에 대비하고 있는 것으로 알려졌다.

인도 총선은 선거 관리의 어려움 때문에 투표가 지역별로 순차적으로 이뤄진다. 한국의 '주간 프레시안 뷰'는 2014년 총선을 예로 들면서 4월 7일 6주간의 일정에 돌입하였다고 보도하였다. 5월 12일까지 투표가 진행된 뒤 5월 16일 개표가 이루어진다는 것이다. 2019년 4월 11일 시작되어 40일간 지속되는 2019년 총선의 결과는

5월 23일 개표에 의해 그 결과가 밝혀진다.

인도의 투표방식은 100% 전자투표다. 투표소에 비치된 전자투표기(EVM)에 그 지역 후보자의 번호, 이름, 사진이 쭉 나열되어있다. 그중 본인이 지지하는 후보자 옆의 버튼을 눌러 저장하는 방식이다. 간단하고 단순하다. 개표는 하루 만에 전국적으로 동시에 이뤄지고 바로 결과가 발표된다. 투표에는 39일이 걸리지만 개표에는 단 몇 시간이면 충분한 것이다. 인도의 전자투표 제도는 1990년대 말 처음 도입된 이후 지속적으로 보완되었다. 이 제도가 도입되기 전에는 종이에 기표하는 전통적인 방식이었는데 투개표 부정 시비가 끊이지 않았다. 전국의 투표함을 모두 개표하는 데만 일주일여 시간이 걸렸다.

전자투표 제도 도입의 관건은 신뢰성에 달려 있다. 해킹 가능성이 있거나 오작동이 일어난다면 선거 자체를 망칠 수도 있다. 웬만한 국가들의 기술 수준으로도 얼마든지 실시할 수 있으나, '사회적 신뢰'에 막혀 아직 본격적으로 도입하지 못하고 있다. 대한민국의 경우에도 정당 내부 경선 등 소규모 선거에는 실시하고 있으나, 전국 단위의 선거에서 도입하지 못하는 것도 같은 이유에서다.

인도에서의 전자투표는 그동안 세 번의 연방 총선, 113번의 주 단위 선거에서 시행되었다. 이 과정에서 일부 정당이나 전문가 집단이 해킹 가능성을 제기하기도 했으나 어느 누구도 이를 실제로 증명하지 못했고 최고재판소의 판결도 동일했다. 중요한 것은 이러한 과정을 거치면서 전자투표 제도에 대한 신뢰가 정당과 국민들 사이에 완전히 자리 잡은 점이다. 선거 관리에 들어가는 시간과 인력 그리고 비용도 크게 절감되었다. 인도가 선거에서 이룬 전자 혁명은 간단한 것이 아니었다.

한국을 비롯한 많은 나라가 아직 종이에 써진 후보자의 이름 옆에 도장을 찍는 방식으로 투표를 진행하는데 비해 인도에서는 전자투표기를 쓴다. 인도가 전자식을 채택한 데는 워낙 인구가 많고 지역별 문화가 다양해서 용이한 투표관리를 위한 측면이 컸다. 인도의 최고법원은 2014년 모든 전자투표기에 유권자가 자신이 누구에게 기표했는지를 스스로 확인할 수 있는 용지 추적 기능을 갖춘 프린터 설치를 명령했다. 투표가 진행되면 후보자의 일련번호, 이름 및 상징을 포함하는 종이 슬립이 인쇄되고 투명창에 7초 동안 노출된 상태로 보인다. 이후 이 슬립은 자동으로 절단되어 밀봉된 상자에 떨어진다. 만일의 상황에 대비하여 보조장치를 만든 것이다. 투표가 끝나면 투표정보를 보유한 장비는 조작을 방지하기 위해 선거관리위원회의 안전띠와 일련번호가 쓰인 왁스로 봉인된다.

인도의 선거가 민주적이라고 하는 이유는 투표권만큼은 헌법으로 잘 보장돼 있기 때문이다. 인도 헌법에는 유권자 거주지 반경 2km 이내에 투표소를 설치하도록 되어 있다. 투표소만 100만여 곳에 달하는 것으로 알려져 있다.

인도의 민주주의는 "민주적으로 결정되는 기득권층의 권력유지와 부패 시스템"이라는 회의적인 평가도 만만치 않게 받고 있다. 인도는 인구의 30% 정도가 문맹으로 알려져 있다. 따라서 글자를 읽지 못해도 투표할 수 있도록 법으로 정한 정당의 상징물을 그림으로 표시하도록 되어 있다. 또한 인구의 대다수를 차지하는 수드라와 불가촉천민들의 투표 성향은 집단주의적으로 표출되어 이념이나 정책을 따져보고 투표권을 행사한다기보다는 선거 이후 어떤 이득을 주기로 약속했느냐에 따라 표심이 좌우된다고 한다. 집권하기 위해서는 표를 사실상 매수하는 정책을 내걸 수밖에 없는 것이 현실이며, 결과적으로 무리한 약속을 하고 집권하면 어떤 정당이 집권하든 부패가 만연할 수밖에 없는 구조다.

민주주의가 원래 비효율적인 제도이지만, 인도의 민주주의는 참기 힘든 비효율적인 제도라는 혹평도 따라다닌다. 그러나 인도에 민주주의 제도가 시행된 60여 년의 역사에서 한 차례도 군사쿠데타로 정권이 교체되지 않았다는 점, 그리고 아무리 비효율적이라고 해도 총칼에 의한 독재정권이 들어서지 않았고, '민주적 독재'라는 파시스트 정권이 들어서지 않았다는 점을 높이 평가하는 시각도 없지 않다. 또한 부패와 비효율 · 차별로 얼룩져 있지만 인도처럼 종교와 민족 · 언어 · 계급 등이 복잡하고, 공용어만 22개인 나라에서 민주적 제도를 유지하는 것 자체가 기적이라는 긍정적 평가를 받고 있다.

결론적으로 말해 오늘날의 인도 총선에서 보듯이 인류 사회의 수천 년의 민주화 과정은 유혈 사태로 점철되어 있다.

9 고대 그리스와 로마의 민주화 과정과 유혈 사태

"민주주의라는 나무는 피를 먹고 자란다."는 말은 미국 독립운동을 이끈 토머스 제퍼슨의 말로, 정확한 워딩은 "자유라는 나무는 때때로 애국자와 독재자의 피로 새롭게 되어야 한다."(The tree of liberty must be refreshed from time to time with the blood of patriots and tyrants.)이다. 독재자를 몰아내기 위해서는 시민의 희생이 필요하다는 말일 것이다. 지금의 민주화는 여러 세대에 걸친, 수많은 사람들의 피의 희생이 있었다는 의미이다.

고대 아테네의 정치 체제는 오늘날 모든 민주정의 원형으로 받아들여지고 있다. 그러나 아테네 민주주의는 하루아침에 이루어진 것이 아니다. 아테네의 민주화 과정에는 아테네인들의 적지 않은 피와 땀이 요구되었다. 진보와 반동으로 인한 퇴행이 반복되었기 때문이다.

수백 년 간 이어진 고대 아테네 역사에서 인민들의 봉기가 용인되고 받아들여진 (사실상의) 민주정 기간은 오늘날과 마찬가지로 그리 길지 않았다. 사실 고대 아테네의 정치 체제는, 고대 로마의 정치 체제 및 동양적 전제정치(oriental despotism)[1)]와 마찬가지로 대부분 독재정[2)]과 참주정[3)], 과두정[4)]을 포함한 귀족정(aristocracy)[5)]의

1) '동양적 전제정치(oriental despotism)'라는 용어는 비트포겔(Karl August Wittfogel, 1896~1988)의 1957년도 저서 「동양적 전제정치」(Yale University Press에서 출판)에서 유래되었다. 이 책은 여러 형태의 '수력(水力) 독재'가 고대 이집트와 메소포타미아, 헬레니즘 그리스와 로마 제국, 압바스 왕조 칼리프, 중국 제국, 무굴 제국, 잉카 페루를 특징지었다고 주장한다. 비트포겔은 나아가 소련과 중화인민공화국 같은 20세기 마르크스-레닌주의 정권들도 비록 그 자체가 수력 사회는 아니지만 '총체적 권력'과 '총체적 공포' 체제 즉 '동양적 전제정치'로 남아 있다고 주장한다.

마르크스는 『자본주의적 생산에 선행하는 제 형태』에서 소위 아시아적 생산양식이라는 개념을 제창했다. 마르크스에 따르면 동양에서는 농업과 수공업이 결합되어 자급자족적인 노동주체가 비자립적 공동체에 매몰되어 있으며, 그 공동체의 총괄적 통일체인 세습전제군주만이 생산수단인 토지를 독점소유하는 유일 소유자인 사회구조로 동양적 전제주의를 정의했다. 이 사회구조에서 잉여노동은 공납의 형식을 취하고, 전제군주를 찬미하기 위한 공동노역으로 인민은 착취당한다. 마르크스는 이런 동양의 노동주체들과 전제군주의 관계를 "총체적 노예제"라고 불렀다.

2) 독재정(dictatorship)은 한 개인 또는 소수가 권력을 행사하는 정치 행태를 말한다. 독재 정치에는 개인이 시행하는 개인독재, 군대와 군인들이 시행하는 군사독재, 당을 탈취하는 일당독재, 민간인이 행하는 문민독재, 그리고 민중 등 계급이 행하는 프롤레타리아 독재(계급독재), 다수가 행하는 대중독재가 있다. 오늘날의 정치학에서는 독재정을, 국민의 지지를 얻지 못하는 독재, 국민 다수에 의한 독재 그리고 국민 대중의 지지를 받는 독재로 나눈다.

3) 참주정(tyrannos)은 고대 그리스에서 참주가 국가를 지배하던 정치 체제를 말한다. 참주는 고대 그리스의 폴리스에서 비합법적으로 독재권을 확립한 지배자를 뜻한다. 사실 아테네 민주정에서 '민주주의자'는 다수 대중의 지지를 받아 그 의지를 체현한다고 주장한 참주들과 그 지지자들을 뜻하는 말로도 사용되었다. 고대 아테네에서는 참주들을 제거하기 위해 도편추방제라는 극약처방까지 하기도 하였다. 아테네 민주정에서 대중을 선동하고 그 지지를 받는 참주들은 끊임없이 나타났으며 이 참주들에 의해 그리스의 정치체제는 수차례 독재정과 왕정으로 바뀌기도 했었다.

형태를 띠고 있었다.

예를 들어 참주 페이시스트라토스(Peisistratos, 기원전 600년〈추정〉~기원전 527년) 시대를 살펴보자. 아테네 민주정은 참주 페이시스트라토스가 죽은 뒤 곧바로 회복되지는 않았다. 쿠데타를 통해 권력을 잡은 페이시스트라토스는 추방과 복귀를 반복하며 33년간 권좌에 있었다. 페이시스트라토스의 사후에는 그의 아들 힙피아스(Hippias)와 힙파르코스(Hipparchos)가 참주를 이어받았다. 이들 형제의 독재와 횡포에 대한 원성이 높아지면서 힙파르코스가 하르모디오스(Harmodios)와 아리스토게이톤(Aristogeiton)에 의해 암살되었다. 이후 더욱 포악해진 힙피아스는 결국 시민들의 봉기로 축출되고 페르시아로 망명하면서 참주정이 붕괴되었다.

아테네의 민주정 기간 동안 페이시스트라토스와 같은 수많은 참주의 독재 정권이 등장하고, 그것을 무너뜨리기 위한 피의 민주화

4) 과두정(oligarchy)은 자산, 군사력, 정치적 영향력 등을 지닌 소수의 사회구성원들에게 권력이 집중된 정부의 형태를 말한다. 아테네의 귀족정 시대 말기의 혼란기에서 유래한 용어로 귀족정에 대비해서 부정적 의미로 사용된다. 과두정은 일반적으로 지배계층 중에서 경제적으로 우월한 자들이 권력을 독점하면서 성립되며, 소수의 권력을 지닌 가문들의 후계자들이 권력을 계승하는 형식으로 유지된다. 귀족정과의 차이점은 이들 가문의 권력이 공개적인 것이 아닐 수 있으며, 이들의 권력은 경제적인 능력을 통해 사회에 부정적 영향력을 행사하는 방향으로 행해진다. 아리스토텔레스는 과두정을 귀족제가 타락한 형태로 금권정과 거의 동의어로 사용하고 있으며, 플라톤은 철인정치에서 과두정을 법률이 준수되지 않는 불공정한 체제로 본다. 일부논자들은 겉으로 드러나는 형태가 무엇이든 간에(심지어 민주적 조직이라 해도), 모든 정부 형태는 궁극적으로 과두정일 수밖에 없다고 주장한다.

5) 귀족정은 혈통·문벌·재산 등에 기반하여 특권이 인정된 귀족이라고 불리는 소수가 지배하는 정체를 말한다. 귀족정에는 귀족 전원이 참가하는 직접귀족정과 귀족의 일부만이 참여하는 간접귀족정이 있다.

투쟁이 반복되었다. 그러나 피의 민주화 투쟁 뒤에는 다시 반동의 독재정권이 등장하기도 하는 등, 아테네의 민주화 도정은 결코 순탄치 않았을 것으로 추정된다. 아테네는 페이시스트라토스와 같은 독재자가 출현하는 것을 방지하기 위해 도편추방제(οστρακισμός)를 도입하기도 하였다.

앞서 살펴보았듯이, 민주정 이전의 아테네는 사법부 수장인 아르콘과 전직 아르콘들로 구성된 아레이오스파고스에 의해 지배되었다. 이들은 대부분 귀족이었고 자신들의 이익을 위해 폴리스를 지배하였다. 따라서 고대 아테네 정치에서 일반 시민들과 귀족 간에는 끊임없는 갈등과 알력이 지속되었다. 이러한 취지에서 민주주의는 고대 그리스의 민주정에서 기원하였다고 하나, 로마에서 발전한 공화주의(共和主義, republicanism)의 영향을 크게 받았기에, 로마의 공화주의가 민주주의의 진정한 아버지라고 주장하는 학자[6]들도 있다.

고대 로마의 민주화 도정도 아테네와 마찬가지로 피로 얼룩졌다. 익히 알려진 카이사르(Gaius Julius Caesar, 기원전 100년~기원전 44년)의 예를 살펴보자.

공화정 초기 로마는 왕정 시대에 기원을 둔 귀족들이 통치했다. 이 기간 동안 귀족과 평민들의 갈등은 그치지 않았다. 그 뒤 카이사르가 등장하면서 로마 공화정은 몰락의 길을 걷게 되었다.

카이사르는 당초 민중 파 노선에 섰다. 기원전 60년대 말에서 기원전 50년대에 이르기까지 카이사르는 마르쿠스 리키니우스 크라

6) 프린스턴 대학 명예교수인 비롤리(Maurizio Viroli, 1952~)가 그에 해당된다.

수스(Marcus Licinius Crassus, 기원전 115년~기원전 53년) 및 그나이우스 폼페이우스 마그누스(Gnaeus Pompeius Magnus, 기원전 106년~기원전 48년)와 함께 소위 제1차 삼두 정치라는 정치 연대를 이루어 수년간 로마 정계를 장악하였다. 이들 파벌은 자신들끼리 권력을 분점하였다.

카이사르가 루비콘 강을 건너게 되면서 기원전 49년 결국 내전이 발발하게 되었다. 카이사르는 파르살루스 전투, 탑수스 전투 등에서 승리하게 되면서 로마에서 무소불위의 권력자로 등극하게 된 것이다. 카이사르는 정권을 장악한 뒤 사회와 정치에 광범위한 개혁을 실시하였다. 그는 또한 공화정의 귀족 정치를 고도로 중앙집권화하고, 자신을 종신독재관으로 선언하게 됨으로써 로마 공화정은 종식을 고하게 되었다. 기원전 27년부터 시작된 로마의 제정(帝政)은 기원후 1453년까지 지속되었다.

앞에서 살펴보았듯이, 고대 그리스와 로마의 민주화 과정에서도 크고 작은 유혈 사태가 있었음을 알 수 있다.

10 중세 영국과 프랑스 민주화 혁명 과정의 유혈 사태

민주주의는 소수에게 집중되어 있던 기득권이 다수의 사람들에게 분배되는 과정인데, 소수에게 집중된 권력이 평화적으로 분배되는 경우는 사실상 없다. 사실상 역사상의 수많은 민주화 과정은 피로 얼룩져 있다. 다른 말로 하면, 민주주의가 성숙하기 위해서는 피비린내 나는 유혈 과정이 필요하다는 의미이다.

서양과 동양을 막론하고 과거에는 절대권력을 지닌 왕이 국가를 통치했었다. '짐이 곧 국가다'라는 말로 유명한 루이 14세와 같은 왕은 세금을 걷는 일부터 재판, 다른 나라와 외교, 치안, 국방 등 모든 것을 다스리는 권력을 가지고 있으면서 오로지 왕의 명령으로 나라를 운영해 왔다. 힘없는 시민들은 왕의 명령이 불합리한 것이고 자유를 억압하는 것이라 하더라도 따를 수밖에 없었다.

그러나 인간의 존엄성과 권리를 일깨우는 계몽사상, 사회계약설 등이 유럽 사회에 퍼지면서 자신들의 빼앗긴 권리와 자유를 되찾기 위한 혁명들이 일어나게 되는데, 이를 시민혁명이라 부른다.

시민혁명 가운데 대표적인 것은 1688년 의회 정치를 확립한 '영국의 명예혁명'과 절대 군주의 억압에 항거한 '프랑스의 시민 혁명'이 대표적이다.

명예혁명(Glorious Revolution)은 1688년 제임스 2세가 통치하던 잉글랜드 왕국에서 일어난 사건을 말한다. 명예혁명은 사건이 발생한 당대에 '혁명(revolution)'이라 불린 최초의 사례이다. 청교도 혁명 등 명예혁명 이전의 혁명들은 모두 사건이 발생했던 당대에는 반란, 전쟁, 내전 등으로 불리다가 '후대 역사가들'에 의해 revolution이라 이름 붙여진 것이다. 명예혁명은 피를 흘리지 않고 혁명을 이뤄냈다고 하여 그렇게 불린 것이다. 그러나 실제로는 전투도 있었고 사상자도 나왔다. 다른 정쟁에 비해 그 유혈이 적었을 뿐이다.

사건의 발단 경위를 보면 다음과 같다. 올리버 크롬웰(Oliver Cromwell, 1599~1658)[1]은 잉글랜드의 정치가이자 군인으로, 그의 사후 국민들의 강력한 열망에 의해 왕정복고가 이루어지고 그 자리에

1) 잉글랜드의 정치가이자 군인으로, 1649년 1월 찰스 1세의 처형을 주도하였고 이후 수립된 잉글랜드 연방에서 호국경(Lord Protector)이 되었다. 1653년 12월부터 1658년 9월 사망할 때까지 잉글랜드의 공위시대 동안 호국경 정치의 최고 권력자였다. 잉글랜드의 공위시대(English Interregnum)는 1649년 1월 30일 찰스 1세가 처형된 뒤 왕정복고가 이루어진 1660년 5월 29일 그의 아들인 찰스 2세가 런던에 도착하기까지의 기간을 말한다. 호국경은 잉글랜드의 왕권이 미약하였을 때, 왕을 섭정하던 귀족에게 붙이던 호칭이었다.

그는 젠트리 계급 지주 출신으로 하원의원이 되었으며, 잉글랜드 내전에서 승리하여 정권을 잡고 국왕 찰스 1세를 처형한 후 스스로 종신 호국경이 되어 독재정치를 펼쳐 영국의 민주주의를 후퇴시켰다. 이후 군주가 되려 하였으나 군대의 반대를 부딪쳐 협상을 하던 중에 사망하였다. 결국 죽기 전에 아들 리처드 크롬웰을 후계자로 지명하여 사후 아들이 호국경 자리를 세습했다.

찰스 1세의 아들인 찰스 왕자가 찰스 2세로 즉위하였다. 그 뒤를 이어 왕위에 오른 제임스 2세(James Ⅱ, 1633년~1701년)[2]는 독실한 가톨릭교도로서 에스파냐와 같은 가톨릭 국가와의 수교를 적극적으로 추진했으며, 정치적으로는 왕권 강화에 힘을 쏟았기 때문에 개신교가 주류였던 의회와의 사이가 악화되었다.

당시 제임스 2세는 왕의 신분을 이용해 폭정을 저지르고 있었는데, 이에 의회는 제임스 2세를 폐위시키고 윌리엄 3세와 메리 2세를 왕으로 추대하게 되었다. 윌리엄 3세와 메리 2세는 의회가 만든 권리장전(Bill of Rights)[3]을 승인하였다. 권리장전에 따라 아무리 왕이라 하여도 의회의 승인 없이 법을 만들거나 세금을 거둘 수 없으며, 재판도 간섭할 수 없다는 입헌주의 원칙이 확립되게 되었다.

당시 네덜란드와 잉글랜드는 제3차 잉글랜드-네덜란드 전쟁이 끝난 지 15년밖에 안 된 적대관계였으나 신교국인 네덜란드 입장에서도 잉글랜드가 가톨릭 국가가 되면 위태로운 상황이라 윌리엄 공은 의회의 요청을 받아들여 잉글랜드에 상륙하고 잉글랜드군은 제임스 2세에게 등을 돌리고 윌리엄 공에 가담하였다. 윌리엄 공의 상륙 이후 제임스 2세의 군대와 몇 차례 크지 않은 규모의 무력충돌이 있었고, 스코틀랜드, 아일랜드 등지에서는 제임스 2세를 옹호하는

2) 제임스 2세는 잉글랜드 및 스코틀랜드의 군주로 1685년 2월 6일 잉글랜드 국왕이 되어 스코트인의 왕 및 아일랜드의 국왕을 겸하였고 1660년 12월 31일 노르망디 공작이 되었다. 그는 스코틀랜드 왕국, 잉글랜드 왕국와 아일랜드 왕국을 군림하는 데 마지막 로마 가톨릭 군주였다.

3) 영국의 권리장전은 1689년 12월 16일에 영국의 국가제도를 규정한 마그나 카르타, 권리청원과 함께 헌정사상 가장 중요한 의미를 가지는 의회 제정법이다. 영국 의회가 명예혁명으로 윌리엄 3세를 추대하면서 권리장전을 제출하여 승인을 받았고, 이 선언을 토대로 의회제정법이 공포되었다.

대규모 반란과 전쟁이 일어났다.

특히 아일랜드에서는 두고두고 문제가 된 윌리어마이트 전쟁(Williamite War)[4]이라 불리는 내전이 터졌고, 잉글랜드 밖에서는 제임스 2세가 왕위를 탈환하기 위해 프랑스를 끌어들이는 바람에 윌리엄 3세 지휘하에 있던 잉글랜드와 네덜란드, 여기에 편을 든 스페인이 맞붙은 9년 전쟁이 일어나 서유럽을 중심으로 대규모 국제전이 벌어지게 되었다.

앞서 언급하였듯이, 명예혁명은 피를 흘리지 않은 가운데 혁명을 이뤄냈다는 의미에서 그렇게 불렸으나, 실제로는 전투도 있었고 사상자도 나왔다.

명예혁명은 영국에 전 세계 최초로 시민 사회가 형성되는 계기가 되었다. 그리고 권리장전의 조세와 대표권에 관한 내용을 바탕으로 미국 독립 혁명에 영향을 미쳤으며, 차티스트 운동과 여성 참정권 운동으로 대표되는 참정권 확대 운동 또한 명예혁명과 권리장전의 정신 아래 진행되었다.

다음에서는 프랑스의 민주화 과정에서 발생한 유혈 사태를 살

4) 윌리어마이트 전쟁은 9년 전쟁(1688~97), 대동맹 전쟁(War of the Grand Alliance), 아우크스부르크 동맹 전쟁(War of the League of Augsburg)으로 불리기도 한다. 아일랜드 안에서는 윌리어마이트 전쟁(Williamite War)으로 불렸고, 북아메리카의 식민지에서는 윌리엄 왕 전쟁(King William's War)으로 알려져 있다.

루이 14세의 호전성으로 발발한 이 전쟁은 결국 전 유럽 연합을 형성하도록 만들었다. 대동맹(Grand Alliance)은 프랑스의 야망을 축소시키기로 결의했다. 동맹은 주로 잉글랜드-네덜란드 총독-왕 윌리엄 3세, 신성로마제국 황제 레오폴트 1세, 스페인의 카를로스 2세, 사보이아 공국의 비토리오 아마데오 1세가 이끌었다.

펴보자. 프랑스 민주화 과정에서의 유혈 사태는 특히 프랑스혁명 과정에서 발생한 사건을 중심으로 살펴보고자 한다.

프랑스혁명(Révolution française, French Revolution)은 1789년 5월 5일부터 1799년 11월 9일 사이에 프랑스에서 일어난 시민 혁명을 말한다. 프랑스 혁명은 학계에서는 1830년 7월에 발생한 혁명과 1848년 2월에 발생한 혁명까지 포함하여 함께 일컫는 말로 쓰이지만, 일반적으로는 1789년의 혁명만을 가리켜, 프랑스 대혁명이라고 부른다.

프랑스대혁명에 의해 프랑스에서는 앙시앵 레짐(구체제)이 무너진 후 80년간 공화정, 제정, 군주정으로 국가 체제가 바뀌며 불안한 정치 상황이 지속되었음에도 불구하고, 뒤이은 나폴레옹 전쟁과 함께 프랑스대혁명은 유럽에 민족주의, 자유주의를 널리 퍼뜨리는 역할을 하였다. 크게 보면 프랑스대혁명은 유럽과 세계사에서 정치권력이 왕족과 귀족에서 자본가 계급으로 옮겨지는, 역사적으로 완전히 새로운 시기를 열어 놓을 만큼 뚜렷이 구분되는 전환점이 되는 사건이다. 즉 프랑스대혁명을 통해 시민 계급이 절대 왕정에 저항하여 봉건적 특권 계급과 투쟁해서 승리를 쟁취했으며 새로운 정부와 새로운 사회를 건설해 낸 최초의 사회 혁명이라 할 수 있다.

프랑스대혁명의 성격을 이해하기 위해 그 발발 원인과 과정 그리고 그 과정에 발생한 유혈 사태를 좀 더 자세히 살펴보자. 18세기 프랑스 사회는 절대왕정이 지배하던 앙시앵 레짐(구체제) 하에서 모든 선진국에서 나타난 일반적 특징처럼 자본가 계급이 부상하고 있었다. 이러한 상황에서 당시 발생한 심각한 경제불황은 인구의 절대 다수(98%)를 차지하던 평민(제3계급)들의 불만을 가중시켜 1789년의 봉기를 야기하게 되었다. 이 봉기를 계기로 3년간에 걸쳐 모든 체제가 전복되었다.

프랑스대혁명은 다른 측면에서 보면 구체제(앙시앵 레짐)의 모순에서 발생하였다. 구체제 하에서는 인구의 2% 정도밖에 안 되는 제1계급인 성직자와 제2계급인 귀족들이 전체 토지의 40%를 차지하고 있으면서 면세 등의 혜택을 누리는 등 주요 권력과 부와 명예를 독점하였다. 인구의 약 98%를 차지하던 제3계급은 무거운 세금을 부담해야 했으나, 이들은 정치 과정에 참여할 수 없었다.

당시 프랑스에는 삼부회[5)]가 있었지만 175년간 소집되지 않았기 때문에, 실질적으로 정치 과정에서 배제되었다. 당시의 프랑스 국왕 루이 16세(재위 1774~92)는 영국의 아메리카 대륙 진출을 견제하기 위해 미국의 독립 혁명(1775~83년)을 지원하였으나 과도한 군사비 집행으로 인해 재정 궁핍에 빠지게 된다. 루이 16세는 이 문제를 해결하기 위해 1789년 5월 5일, 175년 만에 삼부회를 소집하였다. 그러나 삼부회는 초반부터 머릿수 표결과 신분별 표결을 놓고 의견이 충돌하며 난항을 거듭하였다. 신분별 표결 방식은 각 신분별 의결 후 1표만 행사할 수 있었는데, 특권층인 귀족과 성직자가 기득권 수호를 위해 협력하게 됨으로써 대부분 2대 1이 되어 제3신분인 평민이 불리했다. 평민 대표들은 머리수 표결 방식이 채택되지 않자, 자신들이 국민의 98%를 대표한다는 주장과 함께 6월 17일에 별도로 '국민의회'를 결성하였다. 아울러 어떠한 세금도 자신들의 동의 없이 징수할 수 없다고 선언했다. 평민대표들의 도발에 분노한 루이

5) 삼부회(三部會, États généraux)는 프랑스 세 신분(귀족, 가톨릭 고위성직자, 평민)의 대표자가 모여 중요 의제에 관하여 토론하는 장으로써, 근대에 이르기까지 존재했던 신분제 의회를 말한다.

16세는 측근들과 귀족대표들의 의견에 따라 '국민의회'의 해산을 명한 후 회의장을 폐쇄해 버렸다.

회의장이 폐쇄되자 1789년 6월 20일 국민의회측(평민대표들)은 테니스 코트로 이동하여 헌법이 제정될 때까지는 국민의회를 해산하지 않는다고 선언하고 이에 대해 서약문을 작성하였다(테니스 코트의 서약). 7월 9일에는 제헌국민의회라 칭하여, 인민의 최고 입법기관으로서 프랑스 헌법 제정에 착수하였다. 왕당파가 제헌국민의회의 무력 탄압을 기도하여, 지방으로부터 군대를 결집하고 있다는 소식이 전해지자, 민중들은 1789년 7월 12일부터 군대와의 사이에 충돌을 반복하였다. 7월 14일 아침, 파리 민중들은 혁명에 필요한 무기를 탈취하기 위하여 바스티유 감옥을 습격하였다. 민중들은 도개교(跳開橋)를 내리고 감옥으로 쇄도하여, 감옥을 점령하였다. 이 습격의 성공은 바야흐로 혁명의 도화선이 되었다.

제헌의회(국민의회)는 8월 4일 봉건제 폐지를 선언하고, 8월 26일에는 '인권선언'을 발표하였다. 주권재민, 사상의 자유, 법앞의 평등, 투표 · 과세의 평등, 소유권의 신성성 등 새로운 사회질서의 원칙을 제시하여 혁명의 정의와 이념을 세웠다. 루이 16세는 봉건제 폐지와 인권선언의 재가를 거부하며 군대를 베르사유로 이동시켰다. 당시 루이 16세는 사실상 입헌군주로서의 역할을 하고 있었다. 즉 당시 정국의 주도권을 쥐고 있던 프랑스 의회는 내분이 생기면서, 7월 15일경 루이 16세의 권한을 복권시킨 것이다.

1789년 7월 17일에는 급진적인 공화정을 주장하는 코르들리에(Cordeliers)라는 정치 클럽의 주도하에 민중들이 파리에서 국왕 폐위와 재판을 요구하는 시위를 벌이다가 국민방위대에게 무자비하게 진압 당하여, 수십 명이 사망하는 샹 드 마르스의 학살사건[6]이 발생했다.

한편 프랑스 혁명 사상의 전파를 염려한 오스트리아와 프로이센의 지배계급들은 자국의 혁명 지지파를 박해하였다. 또한 오스트리아, 프로이센 양국은 1792년 2월 대(對) 프랑스동맹을 체결하여 혁명정부를 압박하였다.

프랑스의 국민공회(Convention nationale)[7]는 1792년 9월 21일, 군주제를 폐지하고 다음날 공화정을 선포함으로 프랑스 제1공화국이 수립되었다.

앞에서 살펴보았듯이, 프랑스의 민주화 과정에서도 적지 않은 유혈 사태가 발생한 것을 알 수 있다. 유혈 사태는 민주화를 요구하는 인민들과 기득권을 놓지 않으려고 하는 왕당파 등 지배집단 사이에서 기본적으로 발생하였으나, 지배집단 내의 주도권을 차지하기 위한 다툼에서도 발생하였다. 어떻든 동서양을 막론하고 민주화 과정에서는 크고 작은 유혈 사태가 있었음을 알 수 있다.

---

6) 샹 드 마르스의 학살(Fusillade du Champ)은 1791년 7월 17일 파리의 샹 드 마르스 광장에서 루이 16세의 폐위와 재판 등을 요구하는 시위를 하기 위해 모인 5만 군중을 해산시키기 위해 국민방위대가 군중에게 발포하여 사상자가 발생한 사건을 말한다.

7) 국민공회는 1792년 9월 20일부터 1795년 10월 26일(국민공회가 채택한 프랑스 혁명력에서 브뤼메르 4일)까지 프랑스 혁명 기간 동안 존속했던 프랑스의 단원제 입법 기관을 말한다. 여러 위원회를 통해 집행 권한도 갖고 있었기 때문에 행정부의 역할도 담당했다. 1792년 파리 시민이 튀일리궁을 습격한 8월 10일 사건을 통해 왕정이 무너지면서 입법의회가 법령을 통해 루이 16세의 왕권을 정지시켰다. 국민공회는 회기 2일째인 9월 21일, 공화정을 선포하여 왕정을 폐지하고 프랑스 제1공화국을 수립했다. 루이 16세를 국가반역죄로 기소하여 이듬해 1월 단두대에서 처형했다.

제 4 부

민주주의 위기의 일반적 징후들

현대 들어 수많은 민주주의 전문가들과 기관들이 민주주의의 위기를 경고하고 있다. 미국의 비영리기구인 프리덤하우스(Freedom House)는 자유민주주의로 분류할 수 있는 국가 수가 줄었다고 통계 자료를 인용해 밝혔다. 매년 민주주의 지수(Democracy Index)를 발표하는 이코노미스트 지(誌) 산하의 경제학자인텔전스단(EIU: Economist Intelligence Unit)에서도 전 세계 민주주의가 위태로운 상태에 있다고 진단했다. 사회의 지속가능 거버넌스에 대해 연구하는 비영리재단 배텔스만(Bertelsmann)의 변혁지수(BTI)에서도 2000년 이후 민주주의의 후퇴를 경험한 국가가 이전에 비해 2배 이상 는 것으로 나타났다. 오늘날 민주주의는 어떤 위기를 맞닥뜨리고 있을까?

하버드대학 정부학과 교수인 레비츠키(Steven Levitsky, 1968~)와 지블랫(Daniel Ziblatt, 1972~) 교수는 2018년도 저술 『민주주의는 어떻게 무너지는가(*How Democracies Die*)』에서 민주주의가 붕괴하는 다양한 원인을 밝히고 있다. 그들은 오늘날 민주주의 위기는 선출된 권력이 집권 후 경쟁자를 적으로 여기고, 언론의 자유를 억압하며, 선거에서의 승리를 위해 헌법과 법률을 고치고, 사법부를 개편하는 등의 행태를 통해 민주적 정치 과정을 무너뜨리는 데 기인하고 있음을 지적한다. 즉 그들은 대리인(agent)인 정치가들이 주인(principal)인 국민의 뜻과 어긋나게 자신들의 당파적 이익을 위해 게임의 룰을 자의적으로 변경할 때 나타나게 된다고 지적한다. 여러 분야의 사회과학자들은 이를 주인-대리인 문제(principal-agent problem)[1)]

1) '주인-대리인 문제' 또는 '대리인 딜레마(agency dilemma)'는 주인과 대리인 사이의 정보 비대칭 때문에 발생하는 문제를 말한다. 1976년 하버드대 경영대학원의 젠슨(Michael C. Jensen)과 로체스터 대학의 멕클링(William

로 개념화하는데 비해, 정치학계에서는 대의정치체제가 지닌 '대표성의 문제'로 접근한다.

좀 더 자세하게 살펴보자. 레비츠키와 지블랫은 극단주의 포퓰리스트(populist)들은 어떤 조건에서 선출되는가? 그리고 선출된 독재자는 어떻게 합법적으로 민주주의를 전복하는가? 하는 물음들을 제기하면서, 민주주의의 위기를 알리는 구체적인 신호들로 다음 사항을 제시한다. 즉 이들은 선출된 정치지도자들(elected leaders)이 민주적 과정을 붕괴시키는 신호로, 기성정당과 정치인들의 포퓰리스트와의 연대, 정치적 경쟁자에 대한 반국가 세력 낙인, 선거 패배 정당의 음모론 제기 및 선거 결과에 대한 불복, '시행령 정치' 즉 의회를 우회한 대통령의 행정명령(executive order) 남발, 의회의 석연치 않은 탄핵 추진, 비판적 언론에 대한 정부의 재갈 물리기 등을 들었다.

한편 다른 일단의 민주주의 연구자들은 자유주의의 빈곤, 포퓰리즘의 발흥, 경제·정치적 양극화가 민주주의를 위기로 몰아가고 있다고 주장한다. 2022년 6월 미국 스탠퍼드대학 아시아태평양연구센터에서 출판한 「한국 민주주의의 위기(South Korea's Democracy in Crisis)」에서 저자들은 이같이 주장했다.

물론 민주주의가 위기를 맞고 있다는 이 같은 주장들은 민주적 정치 과정을 준수하고자 하는 참된 민주 국가에나 해당되는 말이다. 독재국가에는 해당되지 않는다. 지구상에는 민주적 정치 과정과는 거리가 먼 독재국가들이 많다. 특히 나라 이름에 '민주'가 들어가는

Meckling)에 의해 처음 제기되었다.

국가치고 참된 민주주의를 실천하는 국가는 드물다. 사회주의 국가들이 대표적이다.

민주 사회에서는 포퓰리즘 현상이 일상적으로 나타난다. 포퓰리즘은 대중주의(大衆主義)로 번역될 수 있을 것이다. 2011년 9월 뉴욕의 주코티 공원(Zuccotti Park)에서 시발되어 여러 나라의 도시로 번진 "월가를 점령하라!(Occupy Wall Street!: OWS)"는 저항운동이 대표적 포퓰리즘 운동으로 지적된다. OWS는 경제적 불평등에 항의, "미국의 상위 1%가 미국 전체 부(富)의 50%를 장악하고 있다"고 주장하면서 "우리는 미국의 최고 부자 1%에 저항하는 미국인 99%의 입장을 대변한다"고 외쳤다. 독일의 나치즘과 베네수엘라 차베스(Hugo Rafael Chávez Frías, 1954~2013) 대통령의 정책, 아르헨티나의 페론주의(Peronism), 프랑스의 푸자드주의(Poujadism)[2]도 포퓰리즘의 전형적 사례로 거론된다.

케임브리지 사전은 포퓰리즘을 "보통사람들의 요구와 바램을 대변하려는 정치사상, 활동"으로 정의하고 있으며, 롱맨 사전(Longman English Dictionary)은 포퓰리스트(populist)를 "부자나 기업가보다는 보통 사람들을 대변하는 자"라는 가치중립적 의미로 정의하고 있다.

포퓰리즘이라는 용어는 학술적·정치적으로 다양한 시각에서 그리고 다양하게 정의된다. 포퓰리즘은 "대중의 뜻을 따르는 정치행태"라는 점에서 민주주의와 맥을 같이 한다. 그러나 포퓰리즘과 포퓰리스트라는 단어는 부정적·경멸적 의미로 많이 사용된다. 즉

2) 프랑스의 포퓰리스트 정치인 피에르 푸자드(Pierre Poujade, 1920~2003)에서 비롯된 포퓰리즘 운동을 말한다.

적지 않은 정치학자들은 포퓰리즘이 비합리적이며 민주적 정치 과정을 불안정하게 만든다고 주장한다. 그러나 그 반대편에는 포퓰리즘을, 민주적이며 사회에 긍정적 영향력을 끼치는 것으로 인식하는 학자들도 있다.

포퓰리즘의 기원에 대해서는 멀리 로마 시대의 호민관 그라쿠스 형제[3]에서 기원을 찾는다. 이들은 기원전 2세기 호민관을 역임하며 농지법을 발의한 뒤 시행하려 하였다. 이들은 개혁 지지 세력의 확보를 위해 시민들에게 땅을 나눠주고 밀도 싯가보다 싸게 파는 등 귀족층에 맞서 평민들에게 부의 분배를 시도한 것으로 유명하다. 그라쿠스 형제의 이같은 개혁 정책은 후대의 사회주의와 대중주의에 큰 영향을 끼친 것으로 평가되고 있다

근대적인 의미의 포퓰리즘에 대해서는 1870년 러시아에서 전개된 '브나로드 운동(Внарод 運動)'[4] 즉 '나로드니키주의(narodnichestvo)'를 시초로 본다. 나로드니키주의는 자본주의 경제 구조에 맞서 그것을 깨뜨리고 러시아 농촌 사회의 전통적 공동체인 '미르(Mir)'를 근간으로 한 새로운 사회 건설을 주창했다. 브나로드 운동은 그러나 지식인 운동이라는 근본적 한계를 벗어나지 못한 채 농민들의 호응

3) 그라쿠스 형제는 로마 공화정 시절 정치가로서, 형 티베리우스 셈프로니우스 그라쿠스(Tiberius Sempronius Gracchus)와 동생 가이우스 셈프로니우스 그라쿠스(Gaius Sempronius Gracchus)를 일컫는다. 이들은 기원전 2세기 호민관을 역임하며 농지법을 발의한 뒤 시행하려 하였다. 이들은 초기 몇 차례 성공을 거두었으나, 결국 두 명 모두 원로원에 의해 피살당했다.

4) 브나로드운동 1930년대 초반 러시아에서 일어난 민중 계몽 운동을 말한다. 1931년부터 1934년까지 전개된 브나로드 운동의 어원은 19세기 러시아 제국의 지식인들이 "민중 속으로!(ВНарод)"라는 구호를 외치며 계몽 운동을 한 데서 비롯되었다.

을 얻지 못했다.

'포퓰리즘'이라는 용어의 사용례를 더 구체적으로 살펴보면, 1891년 미국에서 창설된 인민당(People's Party)이 당원들을 포퓰리스트로 부른 것이 뿌리가 됐다는 것이 정설로 받아들여지고 있다. 미국의 인민당은 누진소득세, 상원의원 직선제, 교통 및 통신에 대한 정부 규제, 거대 기업 간 담합 금지 등의 정책을 주장했다. 이러한 주장은 뒷날 민주당(Democratic Party, 1828년 창당됨)의 강령으로 흡수되어 실현되었다. 인민당은 20년도 지나지 않아 해체되었다.

한국에서는 '포퓰리즘'이라는 용어가, "정책의 현실성이나 가치 판단, 옳고 그름 등의 목적을 외면하고 인기에 영합해 정책의 일관성과 실효성을 망각하는 정치 행태"로, 부정적으로 규정되어 많이 사용된다. 현실 정치에서는 상대방의 정책에 대한 합리적 논쟁이나 검증을 시도하기보다는 '포퓰리스트'라는 낙인을 찍어 상대측을 공격하는 '선동정치'의 도구로 활용되고 있다. 선거철을 맞아 여·야당이 모두 공약했던 무상급식, 반값등록금 등 친서민 복지 정책들이 모두 포퓰리즘 정책으로 비판받고 있다.

영국의 일간지 가디언은 2023년 2월 15일 자 보도(현지 시간)에서, 한 이스라엘 기업의 선거 개입 관련 기사를 게재하였다. 이 보도에 따르면 프랑스의 비영리기구 '금지된 이야기(Forbidden Stories)' 주도로 전 세계 30개 언론사가 참여해 구성된 한 탐사 보도 컨소시엄을 인용, 지난 20년간 33건의 선거 캠페인에 관여해 27건에서 성공을 거두었다고 밝혔다. 이 컨소시엄은 "현재도 아프리카의 선거 한 건에 관여 중"이라고 밝히면서, "미국에서도 두 건의 대형 프로젝트를 진행 중"이라고 덧붙였다. 이는 오늘날 세계 여러 나라에서 여론조작 등 민주적 과정을 파괴하는 작업이 일상적으로 벌어지고 있음을 나타낸 것이라고 하겠다.

오늘날 세계 각국에서는 편의성과 비용 문제 등을 이유로 전자적 투개표 방식을 도입하고, 사전투표 제도를 확대하고 있다. 우리나라도 마찬가지다. 그런데 이러한 제도 변경이, 다른 한편에서는, 선거 부정의 여지를 넓혀주고 있다고 하겠다. 그런데 그에 대한 사회구성원들의 경각심이 옅어지고 있다는 데 문제의 심각성이 있다고 하겠다.

필자들은 이 책에서 여론조작 등 정부의 선거 개입 노골화, 통계 조작, 선거 관리에 대한 통제권 찬탈 즉 선거관리기구의 장악을 통한 불공정한 선거 관리 등의 여러 문제점들을 짚어보고자 한다.

11 여론조작

여론조작은 오늘날 세계 도처에서 이루어지고 있다. 여론조작은 독재 국가에서는 물론 민주 국가에서도 일상적으로 자행된다. 여론조작은 개인의 사적 목적이나 조직의 집단적 이익을 위해 사실을 왜곡하거나 허위사실을 유포하는 등의 행태로 이루어진다. 예를 들자면 선거에서 승리하기 위해 권력이 정부 기관을 동원해 여론을 조작하거나, 여론조사 기관을 움직여 조사 결과를 왜곡하는 행위를 들 수 있다. 많은 경우 여론조작은 공적인 이익에 부합하지 않는 경우가 많으며, 부정적인 의미를 담고 있다.

최근 여론조작 등을 통해 세계 각국에서 30건이 넘는 주요 선거에 개입한 이스라엘의 한 '여론 조작 기업'의 실체를 파헤친 외신 보도가 나왔다. 2023년 2월 15일(현지시간) 영국의 일간지 가디언은 프랑스의 비영리기구 '금지된 기사들(Forbidden Stories)' 주도로 세계 30개 언론사가 참여해 구성된 탐사보도 컨소시엄을 인용해 이같이 보도했다.

이스라엘의 국제적 여론조작 기업 즉 '팀 호르헤'의 사장 탈 하난(50)은 "(지난 20년 사이) 33건의 대선 규모 캠페인에 관여해 27건에서 성공을 거뒀다"고 하면서 "현재도 아프리카의 선거 한 건에 관여 중이며, 미국에서도 두 건의 '대형 프로젝트'를 진행 중"이라고 덧붙였다. 하난은 또한 선거에 개입하는 대가로 받는 돈이 건당 600만~1500만 유로(약 643만~1606만 달러)에 이른다고 취재진에게 설명했다. 이러한 보도를 통해 여론 조작이 세계 도처에서 일상적으로 이루어지고 있음을 짐작할 수 있다.

우리나라의 사례도 살펴보자. 2021년 9월 3일 자 ○○일보의 보도에 따르면 2022년 3월의 대통령 선거를 앞두고 시행된 여론 조사 결과가 조사 업체마다 다르게 나타나 선거 프로세스에 대한 불신이 커지고 있다는 것이다. 각 업체의 같은 날 조사에서 대선주자 지지율이 심하게는 20%포인트 넘게 차이가 나고, 같은 업체의 조사 결과도 며칠 만에 수치와 순위가 급변하곤 하였다는 것이다. 중앙선거여론조사심의위원회는 왜곡 의혹이 의심되는 조사업체에 대해 과태료(3천만 원)를 부과하는 등의 조치를 취했다.

중립성을 포기한 왜곡된 여론 조사는 정치 불신과 선거 불복의 온상이 된다. 특정 정당이나 후보에게 유·불리한 질문을 던지거나 모집단을 조작해 특정 정치 집단에 유리하거나 불리한 결과를 '생산'하는 것과 같은 이같은 행태는 고전적이고 전형적인 여론조작에 해당된다. 민주적 정치 질서를 위협하는 이같은 여론의 조작·왜곡 행위에 대해서는 형사고발 등 강력한 조처를 취해야 할 것이다.

최근 웹 기반 서비스의 발달로 인한 SNS 즉 소셜 네트워크 서비스(Social Networking Services)의 활성화, 너튜브(youtube)와 같은

‘공유 플랫폼’ 사용자의 확대 등 정보통신기술(IT)의 발달은 여론조작을 더욱 용이하게 하는 환경을 조성해 준다. 이러한 정보통신 기술의 급격한 발달은 여론조작 특히 사이버 여론조작의 공간을 획기적으로 넓혀준다. 이러한 정보통신 기술의 발달은 또한, 다른 한 편에 있어서는, 여론조작에 대한 사회구성원들의 경각심을 무디게 한다. 민주주의의 건전한 발전을 위해 민주적 정치 질서를 지켜야 할 사법 기관 종사자들의 각별한 각성(覺醒)이 요구되는 이유가 여기에 있다.

사이버 여론조작은 인터넷을 사용하는 여론조작을 말한다. 매크로나 다중 계정 등을 이용한다. 킹크랩을 사용한 소위 ‘드루킹 여론 조작 사건’[1]이 전형적 예에 속한다. 여론조작자들은 네이버와 다음 뉴스 등 인터넷 매체의 댓글란과 트위터나 페이스북 등을 이용해, 불특정 다수의 다양한 의견을 특정한 방향으로 유도하거나 반대되는 의견을 무시하는 쪽으로 여론을 형성·조작한다. 경우에 따라서는 과장된 비방이나 호평 등을 통해 기존 여론을 덮어 버리기도 한다.

인터넷 공간은 보는 관점에 따라 혼란스러운 무정부주의의 실험장으로 보일 수도 있겠으나, 다른 한편에서는 직접민주주의가 구현되는 장소로 보일 수도 있다. 사이버 여론조작을 일방적으로 단죄

1) 소위 ‘드루킹 사건’은 김○○ 경남지사가 드루킹 등과 공모해 2016년 12월부터 2018년 4월까지 네이버와 다음, 네이트에 게시된 기사 76,000여 건의 댓글 118만 8,000여개에 총 8,840만 여회의 공감·비공감 의견을 달아 댓글 순위를 조작한 사건이다. 이 혐의로 김○○ 지사는 2021년 7월 21일 대법원에서 징역 2년의 최종 판결을 받아 지사직을 상실하고 창원교도소에 수감되었다.

할 수 없는 이유가 여기에 있다.

그러나 국민 세금에 의해 운영되는 국가기관의 여론조작은 민주 질서를 근본적으로 흔들 수 있다는 차원에서 엄단되어야 마땅하다. 우리나라에서는 2000년대 들어 국가정보원과 국군기무사령부 그리고 국군사이버사령부 등에서 주도적, 조직적으로 여론을 조작한 사건이 드러나 사법 당국의 단죄를 받은 바 있다.

12 통계 조작과 선거관리기구의 장악 시도

오늘날 민주주의를 위협하는 요인 가운데 하나로 '통계 조작을 통한 선거 전복 기도'를 구체적으로 지적하는 학자들은 많지 않다. 그러나 통계 기법을 활용한 선거 조작이 현실 정치에서 끊임없이 시도되고 있는 것으로 적지 않은 학자들은 의심하고 있다. 단지 물증이 없고 가담자들의 증언이 없을 뿐이라는 것이다. 중립적 관점에서 '주어진(given)' 통계 자료를 분석하는 일단의 객관적 학자들은 결과적 통계치가 '자연스럽지 않다'는 차원에서, "통계 조작을 통한 선거 개입이 의심된다"는 조심스러운 의견을 표명할 뿐이다. 정치적 책임 논란에 휩싸일 것을 우려한 때문인 것으로 보인다.

통계(statistics)의 어원은 라틴어 '통치자 또는 정치가(statista)'에 뿌리를 두고 있다. 통치자들은 로마 시대부터 통계를 정치에 이용한 것으로 보인다. 그만큼 모든 통계는 정치적이다. 오늘날 통계는 주로 계량적 정보를 의미하나 원래는 '국가에 관한 국가의 지식' 전체였다. 영국의 처칠(Sir Winston Leonard Spencer-Churchill, 1874~1965)

전 수상은 "나는 내가 조작한 통계만 믿는다"고 말한 바 있다.

새 정부가 출범한 2022년부터 한국에서는 정책 통계를 둘러싼 논란이 뜨겁다. 감사원은 이전 정부가 정권 차원에서 중점적으로 추진한 소득주도성장 정책, 일자리 정책, 부동산 정책, 탈원전 정책 등을 추진하는 과정에서 '국가통계 재가공' 즉 '통계 정치'가 이뤄졌는지를 감사하였다. 새 정부의 이러한 감사는 '정책 통계'에 초점을 둔 것이지만, 민주주의의 위협 요인에 주된 관심을 갖는 이 책은 '정치 통계', 더 정확하게 표현하자면 통계 조작을 통한 '선거 전복 기도'에 깊은 관심을 갖고 있다.

우리는 1990년대에 "그래도 경제 펀더멘털은 튼튼하다"고 우기다가 1998년 결국 외환 위기를 경험했다. 2022년부터 시작된 감사원 감사의 초점은 이전 정부가 이념 편향 정책을 강행하기 위해 국가 통계를 재가공하지 않았나 하는 의구심 때문이다. 감사원 감사는 즉 우리나라에서 불거지고 있는 아파트 값의 부침, 고용 대란, 확대된 빈부 격차 등 여러 경제적 부작용이 이전 정부에서 '국가 통계'에 잘못 손을 댔기 때문이라는 차원에서 추진되고 있다.

의도적으로 국가 통계를 조작한 것이 사실이라면 그것은 국정의 근간을 흔든 중대 범죄이기에 철저히 진상을 가려내야 할 것이다. 정부 기관이 국가 통계를 상습적으로 과장, 왜곡, 변형하는 것은 결국 경제 자체를 병들게 한다.

2023년 현재 감사원은 '소득주도성장', '투기와의 전쟁' 등 정권의 진보적 경제 정책을 뒷받침하기 위해, 이전 정부에서 소득, 고용, 집값 등 주요 국가 통계를 고의로 왜곡했다고 보고 통계청과 국토교통부 관련자들에 대한 감사를 벌이고 있다. 감사원은 즉 이전 정부에서 부동산 투기에 대해 과중한 세금을 부과하는 징벌적 부동산 정책을 합리화하기 위해 왜곡된 주택 통계를 선택적으로 인용했다는 것이다. 감사원은 그 당시 국토교통부가 표본 수가 극히 적은 부동산원 통계를 근거로 "아파트 가격이 14%나 상승했다"고 주장했다는 사실을 밝혀냈다. 감사원은 또한 통계 당국이 표본 선정을 변경하거나 아예 이전 통계치와 비교할 수 없게 '통계 단절'을 시도하기도 했다는 것이다.

감사원은 또한 이전 정부가 탈원전 정책을 밀어붙이기 위해 통계 수치를 조작하는 일도 서슴지 않았다고 주장했다. 즉 감사원은 이전 정부의 산업통상자원부 지시로 월성원전 1호기 조기 폐쇄를 위해 경제성을 조작했을 뿐만 아니라 관련 자료를 폐기까지 하였다고 주장한 것이다. 그뿐만 아니라 통계청은 소득주도성장 정책을 뒷받침하기 위해 소득 관련 통계 자료까지 조작했다는 것이다. 2018년 빈부격차가 최악으로 벌어졌다는, 즉 소득주도성장 효과가 거꾸로 나타났다는 가계동향조사 자료가 발표되자, 통계청장이 돌연 경질되었다.

신임 통계청장으로 발탁된 강○○ 통계청장은 2018년 8월 27일 경제관계장관회의에서 "장관님들의 정책에 좋은 통계를 만드는 것으로 보답하겠다"고 발언, 논란을 불러일으켰다. '통계 조작'을 서슴지 않겠다는 노골적인 발언이었던 것이다. 실제로 통계청은 그 뒤 재가공된 새로운 통계 수치를 만들어 냈다.

이번 감사원 감사는 '정책 관련 통계 조작'에 한정되어 추진되었다. 그러나 더 심각한 것은 통계 지식을 활용하여 민주적 정치 질서를 근본적으로 흩트리는 '정치적 통계 조작'에 있다. 혹여 있을지도 모르는 투·개표에 대한 정치적 간섭은 민주주의에 대한 저주이자 민주주의의 사망 선고에 다름 아니다.

2020년 4월 15일 치러진 제21대 국회의원 선거에서의 의혹의 초점은, '사전투표'[1] 자료를 활용한, 경합지역에서의 투표 결과 조작 가능성에 두어졌다. 제21대 총선에서 전국 253개 지역구 가운데 1위 후보와 2위 후보의 득표율 차이가 3%포인트 이하인 지역구는 23곳이었는데, 당시의 집권 민주당은 초접전지에서 승기를 잡아 결국 판세를 굳히게 되었다.

개표 결과 집권당인 더불어민주당과 그 위성정당인 더불어시민당은 각각 163석과 17석을 획득, 총 180석을 얻는 대승을 거두게 되었다. 이는 제6공화국의 민주당계 정당으로는 가장 큰 의석수를 확보한 것이다. 반면 제1야당인 미래통합당과 그 위성정당인 미래한국당은 각각 84석과 19석을 획득하여 총 103석으로 개헌저지선인 100석 수성에 간신히 성공하였다. 그러나 국회선진화법에 의한 신속상정을 막을 수 있는 120석 확보에 실패하여, 여권의 법안 상정을 실질적으로 저지할 수단이 사라지게 되었다.

2022년 3월 9일 실시된 제20대 대통령 선거에서는, 제21대 총선에서의 통계 조작 의혹의 초점이 된 '사전 선거' 반대 운동이 전개

1) 사전투표(事前投票, early voting, pre-poll voting 또는 advance polling)는 유권자가 지정된 선거일 이전에 투표를 할 수 있도록 하는 제도를 말한다. 사전투표 제도는 선거 당일에 투표를 할 수 없는 유권자가 투표를 할 수 있도록 함으로써 유권자의 선거권을 실질적으로 보장하고, 투표 참여율을 높여 공직자 선출의 민주적 정당성을 확보하는 데 목적이 있다. 우리나라에서는 2013년 1월 1일부터 선거권자는 누구든지 선거일 직전 5일 전부터 2일 동안 오전 6시~오후 6시 사이 전국 어디에서든 사전투표를 할 수 있도록 제도가 변경되었다.

되었다. 논리는 전체 유권자의 30%에 달하는 '사전 선거'의 통계 자료가 손쉬운 조작의 대상이 된바, 사전 선거에 참여하지 말자는 것이다. 황○○ 전 총리 등 '4 · 15 부정선거를 주장하는 우파 일부'가 추진한 사전 선거 반대 운동의 논리다. 이러한 주장의 합리성 유무는 궁극적으로 사법부의 판결에 의해 가려지겠지만, 민주 사회에서는 구성원들에 의한 사전 논의가 충분히 이루어져야 할 것이다.

또 하나 우리 사회에서 제기되고 있는 '통계 기법을 활용한 선거 조작' 의혹 가운데 하나는 '전자식 투 · 개표'에 대한 찬반 논란이다. 통계 지식을 조금이라도 가진 전문가 가운데는, 전자식 투 · 개표를 할 경우 누구라도 쉽게 조작이 가능하다고 주장하는 사람이 적지 않다. 세계 여러 나라에서 전자식 투 · 개표 반대 운동이 끊이지 않고 지속되고 있는 이유가 여기에 있다.

우리나라에서 전자개표기는 김대중 정부에서 도입하였으며, 노무현 대통령 때부터 전자개표기로 대통령을 뽑아왔다. 전자개표기는 2002년부터 현재까지 이용하고 있다.

대통령 선거 결과를 놓고 컴퓨터 조작 주장이 처음 제기된 때는 1987년 12월 제13대 대통령 선거다. 이 선거에서는 노태우(盧泰愚, 1932~2021) 후보가 당선되었다. 당시 통일민주당 대통령 후보였던 김영삼 전 대통령과 평민당 후보였던 김대중 전 대통령은 결과에 승복하지 않았다. 천주교 공정선거감시단의 일부 신부와 정의구현사제단이 1988년 1월 16일 대통령 선거 무효소송을 제기했으나 대법원은 1989년 5월 11일 원고패소 판결을 내렸다. 당시 모든 개표 관련 업무는 수작업으로 진행되었는데 컴퓨터 조작 운운했으니 패소 판결은 당연한 결과였던 것으로 보인다.

그 뒤 주○○ 한나라당 의원도 16대 대선(2002년)에서 전자개표 조작 의혹을 제기했으나, 중앙선거관리위원회는 "조작이 전혀 없었다"고 부인했다. 전자개표 조작 의혹은 그 뒤에도 꾸준히 제기되었다.

천주교 정의구현사제단의 박○○ 신부는 2013년 11월 22일 열린 시국 미사에서 "부정선거에 제대로 대처하지 못하면 앞으로 정권교체 없습니다. 더군다나 부정선거 백서가 있어요. 컴퓨터로 개표 부정한 겁니다. 백서를 읽어 보세요. 국가정보원뿐만 아니라 컴퓨터로 조작해 가지고 선거를 했어요.…익산을 예로 들면 선거구가 86인데 (개표 자료 업데이트 횟수가) 중앙선관위에 72개가 올라왔어요…"라고 주장하였다.

이러한 일련의 부정선거 의혹에 기반하여 전자식 투·개표에 반대하는 주장들이 그치지 않고 있다. 비단 우리나라에만 한정된 것이 아니다. 세계 도처에서 이러한 논란이 지속되고 있다.

다음에서는 전자식 투·개표에 대한 사회의 대응을 살펴보자. 이 책에서는 전자식 투·개표라는 복합적 용어를 그대로 사용하기도 하고, 문맥에 따라서는 전자식 투표와 전자식 개표를 각기 분리하여 기술하고자 한다.

우리나라의 '사회 정의를 바라는 전국교수모임'은 2020년 4월 성명을 통해 독일 최고재판소는 2009년 전자투표를 위헌으로 선언했다고 밝혔다. 전국교수모임은 네덜란드도 2006년 한 방송국의 중계 하에 전자투표에 외부 개입이 가능하다는 시연이 있은 뒤 이를 그만뒀다고 주장하며 "투·개표 관리의 투명성까지 보장하는 선거제도가 돼야 할 것"이라고 강조했다. 전국교수모임은 또한 전자개표법 개정의 필요성을 내비치며 "선거 과정에 관한 모든 본질적인 단계는 전문기술 지식이 없는 보통의 평범한 유권자들에 의해 검증될 수 있어야 민주주의 원칙에 부합한다"고 주장했다.

우리나라의 중앙선거관리위원회는 2005년 1월 17일 전자투표 로드맵을 발표하였다. 이 로드맵은 2008년 총선에서 터치스크린(touch-screen) 전자투표 방식을 도입하고 2012년부터는 전체 공직선거에 전자투표를 전면 도입한다는 내용을 담고 있다. 그리고 2006년 12월 1일에는 '전산조직에 의한 투표 및 개표에 관한 규칙'을 제정, 법적 기반을 마련하였다. 그러나 여러 정당 간 정치적 합의를 도출하는 것이 쉽지 않을 뿐 아니라, 새로운 기술 도입에 대한 거부감 때문에 아직 제대로 실현되지 못하고 있다.

전자식 투·개표 방식을 도입할 경우 확실히 투표율이 높아지고 비용을 낮추는 효과를 거둘 수 있을 것이다. 반면 그와 같은 장점에도 불구하고 각 나라의 정치권은 전산오류 가능성 및 전산을 활용한 조작 가능성 등을 우려해 아직도 도입에 소극적이다. 즉 일부 언론과 전문가들은 "전자개표기 믿을만한가?"라는 의혹을 제기하면서, "전자투표가 없어지지 않는 한 선거 조작은 사라지지 않는다"고 전자식 투·개표에 대한 분명한 반대 입장을 밝히고 있다. 결론적으로 얘기하자면 전자식 투·개표 방식은 많은 장점을 지니지만, 상당수의 나라에서는 전자식 투·개표 방식의 도입에 대해 '시기상조'라는 관점에서 공개적인 반대 입장이 많다.

2000년대 들어 이라크, 필리핀, 콩고 민주공화국(DR 콩고) 등에 수출된 한국산 전자개표기의 문제점에 대한 기사가 많이 등장하고 있다. 2018년 전자 방식으로 개표한 이라크 총선의 개표 결과는 수개표한 개표 결과와 12배까지 차이가 났다. 전자개표와 수개표 사이의 이 같은 큰 표 차이는 부정선거 논란으로 이어졌다. 필리핀에서는 2004년 4월 11일 한국산 전자개표기에 대해 '사용불가' 판결을 내렸다. 콩고 민주공화국에서는 2018년 전자개표기의 조작 가능성에 대한 의혹으로 대규모 유혈 사태가 발생하여 대통령 선거가 연기되는 상황이 발생했다. 이러한 상황을 맞아 미국은 '한국산 전자개표기'를 사용하지 말라고 유엔안전보장이사회에서 공개 경고하기도 했다. 투명하지 않다는 이유 때문이다.

영국의 로이터 통신과 쿠르드계 뉴스사이트인 '루다우(Rudaw)'에 따르면, 하이다르 자와드 압바디(Haider al-Abadi, 1952~) 이라크 총리는 2018년 5월 실시된 이라크 총선 개표 조작과 관련해 비리와 부패 혐의도 기소된 이라크 선거관리위원회 위원 5명을 해임 조치했다. 이라크 사법부의 라이트 자브레 대변인은 "공무원들을 해고하기로 한 결정은 그들이 위반, 조작, 그리고 재정적 부패를 저지른 사실이 총리에 의해 받아들여졌기 때문"이라고 말했다. 이라크 야당 정치인들은 이라크 총선 기간 중 처음으로 사용된 한국의 M사 전자개표기의 개표 장치가 개표 부정으로부터 안전성을 확보하지 못했다고 주장했다.

한편 워싱턴포스트의 2018년 9월 10일 자 보도에 따르면, 니키 헤일리(Nikki Haley, 1972~) 유엔주재 미국대사는 2018년 8월 말 유엔 안전보장이사회에서 "콩고는 12월의 대통령 선거에서 신뢰할 수 있고, 검증되고, 투명하고, 사용하기 편한 종이 투표를 위해 전자투표기 사용 계획을 포기해야 한다"고 촉구했다. 워싱턴포스트는 이어 그녀가 "콩고에서 한국산 전자투표기를 사용하는 것은 역효과를 낼 수 있다"고 공개 경고했다고 보도했다.

미국의 사례를 보자. 2002년의 미국 대통령 선거에서 기존의 펀치카드 투표 방식의 문제점이 세계적으로 이슈화되면서 디지털 방식으로의 투표 방식 전환에 대한 정책적 관심이 증폭되었다. 미국에서는 2000년 애리조나 주(州)의 민주당 대통령 선거 예비선거에서 전자투표 방식을 적용하였고, 2001년에는 '선거지원법(Help America Vote Act of 2001: HAVA)' 및 '투표시스템 표준안(Voting System Standards)'의 정립을 통해 국가적으로 전자투표 실시를 위한 법제 정비에 들어갔다.

2010년 현재 옵티컬 스캔과 터치스크린을 사용하는 미국의 카운티(county)[2)]는 전체의 92%에 달하고 있다. 2006년에는 39%의 카운티가 터치스크린 투표기를 사용했지만 2010년 현재 그 비율은 33.5%로 약간 감소하였다. 오늘날 터치스크린 투표기는 옵티컬 스캔에 이어 미국 카운티의 약 3분의 1에서 사용하는 중요한 투표 방식으로 자리를 잡고 있다.

영국 정부는 2002년 시민들의 민주주의 참여를 보다 활성화한다는 명목으로 전자투표 시스템의 도입을 추진한 바 있다. 영국 법무부(State for Constitutional Affairs)는 그러나 정부의 전자투표 시스템 도입계획을 '부주의(reckless)'하고 '불안전(insecure)'한 것이라고 비판한 바 있다. 영국 법무부는 이어 적절한 감사 기준과 시스템이 부재한 상황에서 전자투표 제도를 성급히 도입할 경우 선거 결과의 조

2) 미국의 군(county)은 주(state)의 하위 지방행정 기구다. 군은 시(city)·읍(town)·리(village) 등으로 나뉜다. 각 주는 주의 크기에 따라서 큰 주는 다수의 군을, 작은 주는 소수의 군을 가진다. 각 군은 보통 2개 이상의 시·읍·리를 포함한다.

작 위험성이 존재한다고 주장했다. 그러나 법무부 대변인은 당장 전자투표 시스템을 도입하여 시행하지 않더라도 장기적인 관점에서 이의 도입을 고려해야 한다고 밝혔다. 대부분의 영국인들은 전자투표 방식의 부정 또는 사기의 위험성에 대해 우려하고 있는 것으로 여론 조사 결과 나타났다.

유럽의 대부분의 나라에서는 전자 투·개표 방식에 대한 '회의론'이 등장, 도입이 주춤거리고 있다. 1998년 터치스크린 투표기를 도입했던 네덜란드는 투표기 해킹 가능성의 문제에 직면하여 터치스크린 투표를 중단 조치하였다. 네덜란드는 즉 2008년까지 추가적인 대안을 마련하지 못하고 종이투표 방식과 수작업 개표 방식으로 회귀하였다.

그러나 벨기에와 프랑스의 경우에는, 많은 반대 여론에도 불구하고 터치스크린 투표의 규모가 유지되고 있다. 1991년 터치스크린 투표를 시범 운행했던 벨기에는 2012년 현재 전체 유권자의 44%, 약 320만 명에 해당하는 인구가 터치스크린 투표기를 사용하고 있다. 벨기에에서 터치스크린 투표기 사용이 지속될 수 있었던 주요한 요인은 국가 차원에서 적절한 투표기를 계속해서 개발했기 때문이다. 예를 들어 2004년 티켓을 발급하는 투표 방식에 한계가 있음이 드러났음에도 불구하고 2012년 신형 모델이 다시 제작되어 활용되고 있다.

한편 프랑스에서는 터치스크린 투표기를 사용하는 인구가 2007년 대선 당시 약 140만 명에 달한바, 이는 전체 유권자의 5%에 달하는 적지 않은 규모였다. 프랑스의 헌법재판소(Conseil constitutionnel)와 최고행정법원(Conseil d'Etat)은 NEDAP 사의 투표기 사용에 특별한 문제가 없다는 판결을 하였다. 두 기관 모두 터치스크린 투표기 사용을 합법적인 것으로 용인한 것이다.

다음에서는 터치스크린 투표기 사용에 대한 우리나라의 여론 조사 결과를 살펴보자. 한국 정부는 국민들의 전자식 투·개표에 대한 인식과 평가를 알아보기 위해 2013년 7월 10일에서 18일까지 9일간 여론 조사를 실시하였다. 먼저 대통령 선거, 국회의원 선거, 지방선거 등에서 종이투표 방식 대신 터치스크린 투표기를 사용하는 방안에 찬성하는가?라는 질문에 대해 응답자들의 86.1%가 찬성하여 매우 높은 찬성률을 보였다. 질문을 바꾸어 "투표장에서 기존의 종이투표 용지와 터치스크린 투표기 중 하나를 선택해 투표하는 것이 가능하다면 어떤 방식을 선택하겠는가?"라는 질문에 대해서는 81.8%가 터치스크린 투표기를 선택하였다. 그러나 종이투표 선호자 가운데 81.5%가 '터치스크린의 보안 및 신뢰성의 문제' 때문에 종이투표를 선호한다고 답하였다. 따라서 투표기 조작의 용이성 여부 즉 터치스크린 투표기가 외부의 영향으로부터 안전할 수 있도록 조치하는 것이 터치스크린 투표의 성공 여부에서 중요하다고 할 수 있겠다.

그러나 터치스크린 투표의 조작 여부도 중요하지만, 그것을 가능하게 하는 '선거관리기구(선관위)의 장악 기도 여부'가 민주적 정치 과정을 지키기 위해 한층 더 중요한 선결 과제라는 점에서 경각심을 늦추어서는 아니 될 것이다. 그런데 우리나라에서는 최근 들어 특정한 정치 세력의 선거관리기구 장악을 위한 시도가 여러 차례 있었으며, 그에 대한 반작용도 만만치 않아 사회적 갈등이 야기되고 있다.

우리나라 국민들이 정치 과정에 대해 갖고 있는 높은 불만은 선거관리위원회의 공정성에 대한 불신에서 비롯된다. 우리나라에서 전자 투・개표에서의 조작 논란과 정권 차원의 선거관리위원회 장악 의혹이 불거진 것은 2018년 9월 김○○ 중앙선거관리위원회 사무총장이 임기를 두 달 남겨놓은 상태에서 갑자기 사퇴하면서였다. 당시 표면적으로는 한국의 중앙선거관리위원회 사무총장을 지낸 김○○ 세계전자선거기관협회(Association of World Election Bodies: A-WEB)[3)] 사무총장이 부당하게 국내 전자투표기 제조업체를 밀어주었다는 의혹과 이를 둘러싼 논란이었으나, 내면적으로는 김○○ 사무총장의 선거관리위원회 상임위원 추진설 등 당시 정권의 '선거관리위원회 장악' 의혹이 논란의 핵심이었다.

당시 국회에서 세계전자선거기관협회(A-WEB)에 대한 국정감사가 한창 진행되고 있던 2018년 가을 "당시 정권의 실세 그룹이 김○○ A-WEB 사무총장을 중앙선거관리위원회의 상임위원 후보로 검토하고 있다"는 보도가 나왔다. 이에 대해 당시의 야당인 자유한국당의 윤○○ 수석대변인은 10월 30일 논평을 내고 "김○○ 사무총장 인선 추진이 사실이라면, 이는 민주주의의 근간을 뒤흔드는 명백한 반민주주적 행위"라고 주장했다. 그는 또한 "중앙선거관리위원회를 정치적으로 장악하려는 속셈"으로 볼 수밖에 없다고 덧붙였다.

또한 자유한국당(당시 야당)의 김○○ 원내 대표는 2018년 11월

3) 세계전자선거기관협회(A-WEB)는 119 회원으로 구성된 세계적 전자선거관리협회다. 각국의 자유롭고 공정하며 투명한 참여적 선거를 위해 정보를 교환하고 협력하는 국제기구로서의 A-WEB은 2013년 한국 선거관리위원회의 주도로 창설되었다. A-WEB은 키르기스스탄 등 후발 민주주의 국가들에게 한국의 선거관리기술을 전파하고 전자투표 장비 도입을 지원하는 역할을 해왔다.

13일 국회에서 열린 원내 대책회의에서 "청와대가 사실상 선거관리위원회의 의사 결정에 영향을 미치려는 목적으로 김○○ 전 사무총장을 중앙선거관리위원회 상임위원으로 임명하는 안을 검토하고 있고, 이 과정에 청와대 모 실세가 영향력을 행사하고 있다는 의혹에 대해 청와대가 스스로 입장을 밝히고 해명해 줄 것을 공개적으로 요청한다"고 밝히면서, 김 전 총장을 통해 (선거 조작에 사용될 수도 있는 부실한) 선거 장비를 소개받은 DR콩고에서 우리나라의 중앙선거관리위원회를 항의 방문하는 일까지 벌어졌다고 밝혔다.

이 기사를 보도한 '뉴데일리'는 또한 후속 취재 과정에서 "청와대가 김○○ 사무총장 카드 대신 두 명의 인사를 차기 중앙선거관리위원회 상임위원으로 검토하고 있다"는 정보를 복수의 취재 경로를 통해 입수했다고 밝히면서, 거론된 인물 중 한 명은 선관위를 퇴직한 후 (현재)대통령의 대통령 선거 캠프에서 활동한 인물이었고, 또 한 명은 현직 시도선거관리위원회 상임위원인 것으로 전해지고 있다고 전했다. 결국 청와대가 (선거 조작을 위해) 자신들의 입맛에 맞는 선거관리위원회를 꾸리고자 하였다는 것이다.

선거관리위원회의 전직 고위 관계자인 A 씨는 "선거관리위원회는 선거를 관리하는 기관이기 때문에 선거관리위원회가 만에 하나라도 정치적 입김에 휘둘리기 시작하면 대한민국의 민주주의는 기댈 곳이 없어진다"며 우려를 나타냈다. 1963년 1월 창설된 선거관리위원회는 국회 · 정부 · 법원 · 헌법재판소와 같은 지위를 갖는 독립된 헌법기관으로 위원회와 사무처로 구성되어 있다. 사무처는 장관급인 사무총장이 맡고 있으며, 위원회는 대통령 임명 3명, 국회 선출 3명, 대법원장 지명 3명을 포함하여 모두 9명의 위원으로 구성된다. 중립성을 지키기 위해 선거관리위원회 위원들은 특정 정당에 가입하거나 정치활동 또는 정치 관여를 하는 것을 금지하고 있다.

한국의 선거관리위원회는 위원장과 상임위원, 위원으로 이루어진다. 위원장은 상근을 하지 않고 장관급인 상임위원이 상근을 하며 위원장을 보좌하고, 위원장의 명을 받아 사무처를 감독한다. 선거관리위원회 위원의 임기는 6년인데 반해 상임위원의 경우 3년이다. 선거관리위원회법에서는 위원장과 상임위원은 위원 중에서 호선(互選)하도록 규정하고 있다. 그러나 실제로 호선 절차는 사문화된 지 오래다. 선거관리위원회의 상임위원은 대통령이 지명하는 위원이 맡는 것이 오랜 관례처럼 내려오고 있기 때문에 그만큼 정치적 입김이 작용할 여지가 많다.

대통령이 상임위원을 직접 임명하는 것은 아니지만, 3년 임기를 마친 상임위원 후임으로는 결국 대통령이 임명하는 위원이 형식적 호선 절차를 거쳐 상임위원에 선출된다. 선거관리위원회의 전직 고위 관계자인 B 씨는 "선거관리위원회가 독립된 헌법기관이지만, 위원장을 대법관이 겸임을 하고, 상임위원을 대통령이 임명한다는 부분에서 외부의 입김이 작용할 여지가 그만큼 있는 셈"이라고 말하면서 선거관리위원회의 정치적 중립성 훼손에 대한 우려를 나타냈다.

독립된 헌법기관인 한국의 선거관리위원회는 2018년 현재 선거관리위원의 정원도 채우지 못하고 있는 데 이어 사무총장까지 사전투표 부실관리 사태로 사퇴하면서 사면초가에 놓인 상황이다. 야당으로부터 친여 성향이라는 비판을 받았던 조○○ 전 선거관리위원회 상임위원이 2018년 1월 임기 문제로 논란을 빚다 사퇴한 뒤 청와대가 후임을 발표하지 않아 공석이 되었다. 게다가 야당 추천 몫인 문○○ 선관위원 후보자도 곧이어 후보자 직에서 사퇴하였으며, 노○○ 중앙선거관리위원회 위원장도 안팎에서 사퇴 압력을 받았다. 노○○ 위원장은 현직 대법관으로 2020년 11월부터 겸직하고 있는데. 2022년 3월 17일 선거관리위원회 전체 회의에서 자리를 지키겠다는 뜻을 밝히면서 사퇴를 거부하였다. 이날 선거관리위원회 전체 회의에서는 '사전투표 부실관리' 의혹으로 사의를 표명한 김○○ 사무총장에 대해 면직 의결을 하였다.

한편 2018년 정권 담당 세력의 선거관리기구 장악 의도는 조○○ 선거관리위원회 상임위원의 사의 처리 과정에서도 확인된다. 중앙일보는 2022년 1월 19일 친여 성향으로 논란을 빚어온 조○○ 중앙선거관리위원회 상임위원이 "임기만료에 따라 낸 사표를 (대통령이) 반려했다"고 주변에 밝혔다고 복수의 소식통이 전했다고 보도했다. 이에 따라 조 상임위원은 향후 3년간 더 비상임 중앙선거관리위원으로 활동하면서 2022년 3월 9일 치르는 대통령 선거를 비롯한 각종 선거 관리에 영향력을 유지할 것으로 보인다고 소식통들은 전했다. 선거관리위원회 상임위원이 3년 임기가 만료됐는데도 대통령이 사표를 수리하지 않아 중앙선거관리위원으로 계속 근무하게 되는 것은 전례가 없는 일이어서 선거 관리의 공정성 침해 논란이 불거질 가능성이 있다는 것이 소식통들의 지적이다.

중앙선거관리위원회 상임위원직은 대통령이 임명하는 3명의 중앙선거관리위원(임기 6년) 가운데 1명이 중앙선거관리위원회 위원들의 호선을 통해 맡게 되는데 임기 3년을 채우면, 선거관리위원으로서 남은 임기(3년)와 관계없이 선거관리위원직 사표를 제출하고 대통령은 이를 수리함으로써 해당 상임위원은 야인이 되는 것이 그동안의 관례였다. 조○○ 상임위원도 관례에 따라 3년의 임기 만료를 앞두고 선거관리위원직 사표를 낸 것인데, 대통령이 전례 없이 반려한 것이다. 이에 따라 조 위원은 상임위원직에선 물러나면서도 이후 비상임 중앙선거관리위원으로 남은 임기(3년)를 유지하게 된다.

관련 소식통은 "상임위원은 중앙선거관리위원회의 유일한 상근직으로 권한이 막강하기 때문에 3년 임기가 만료되면 남은 임기와 관계없이 선거관리위원회를 떠나도록 한 것"이라며, "이 같은 현행 상임위원 제도가 확정된 1999년 이래 모든 상임위원이 임기 3년이 만료되면 선관위를 떠나는 게 당연한 관례였다"고 했다. 소식통은 "이 때문에 대통령도 3년 전 임기가 만료된 문○○ 당시 상임위원의 사표를 수리해 선거관리위원회를 떠나도록 한 뒤 후임에 조○○ 현 상임위원을 임명한 바 있다"고 했다. 대통령이 조○○ 상임위원의 사표를 수리하지 않아 향후 3년간 더 중앙선관위원직을 유지하게 됨으로써 조 상임위원은 40여일 뒤로 다가온 대통령 선거를 비롯해 2022년 6월 1일 치르게 되는 지방선거와 2024년의 총선 관리에 영향력을 행사하게 됐다는 것이 소식통들의 지적이다.

소식통들은 또한 "조 상임위원은 2017년 대통령 선거 당시 특정 후보 캠프에서 '공명선거 특보'를 지낸 것으로 더불어민주당(당시 여당) 대선 백서에 기록돼 3년 전 상임위원 내정 당시 야당의 반발을 산 끝에 청문회 절차 없이 임명돼 논란을 빚은 인물"이라며 "그의 상임위원 재직 중 선거관리위원회는 당시 여당에 편파적인 선거관리를 한다는 의혹을 받아온 끝에 2020년 총선에선 '부정선거' 논란까지 불거졌다"고 했다.

요약하면, 대통령이 임기 만료된 조○○ 중앙선거관리위원회 상임위원의 사표를 수리하지 않겠다고 한 것은, 정권 담당 세력의 선거관리기구 장악 의도를 드러낸 것으로 볼 수 있다고 하겠다.

소식통들은 “이 같은 편파적 선거관리 논란의 한가운데 있는 조 위원이 상임위원 퇴임 뒤 야인으로 돌아가도록 한 중앙선거관리위원회 규정과 관례를 파괴하고, 선거관리위원직을 계속 유지하면 선거관리위원회의 대통령 선거 관리는 또다시 공정성을 의심받게 될 것”이라고 했다. 야권 관계자도 “대통령과 청와대는 이번 대통령 선거가 관권 선거로 치러지게끔 선거관리위원회를 장악하려고 조 상임위원의 사표를 반려했다는 논란에 휘말릴 가능성이 있다”고 지적했다.

한편 조선일보도 “文(문재인 대통령)이 망가뜨린 대법원·선관위, 결국 대형 의혹과 대란 터졌다”는 2022년 3월 8일 자 사설을 통해 선거관리위원회는 선거를 책임지는 헌법기관인데, 투표용지를 소쿠리, 라면 상자, 비닐 봉투로 운반하고 이미 기표된 투표용지를 주기도 하는 등 선거관리를 엉터리로 했다고 지적했다. 이 신문은 또한 코로나 확진자, 격리자의 사전투표가 실시된 3월 5일 노○○ 중앙선거관리위원장은 ‘토요일이라면서’ 출근하지 않았다고 했다고 하면서, 노 위원장은 자신이 맡은 공무에 대한 최소한의 기본적인 책임 의식이 없다고 비판했다.

이 신문은 이어 노 선거관리위원장은 대법관 임명부터 자질 논란이 있었다고 밝히면서 문 대통령은 정권 편 법조 서클인 ‘우리법연구회’ 출신이라고 무리한 임명을 밀어붙였다고 주장했다. 이 사설은 또한 엄정하고 공정한 판결로 사회 정의의 기준을 세워야 할 사법부가 소수 친여 법관들의 동아리처럼 돼버렸다고 주장하면서, 김

○○ 대법원장을 비롯해 대법관 14명 중 7명이 우리법연구회, 국제인권법연구회, 민변 등을 거친 인사들이라고 지적했다.

조선일보는 이어 헌법재판소도 문 정권 들어 9명 중 5명이 친여 법조인 모임 출신 인사들로 채워졌다고 밝히면서, 대법원·헌법재판소·선거관리위원회는 국가의 주춧돌과 같은 기관인데 대통령이 이 기관들을 마치 점령한 듯이 자기편 함량 미달 인사들로 채워 철저히 망가뜨렸다고 주장했다.

한편 뉴스아고라(Newsagora)라는 군소 언론기관은 2022년 4월 8일 자 보도에서 제20대 대통령 선거(재외선거는 2022년 2월 23일~2월 28일, 사전투표는 2022년 3월 4일과 3월 5일, 본 투표는 2022년 3월 9일 각각 실시되었다)에서 사전투표 관리부실 사태를 빚은 중앙선거관리위원회가 감사원의 감사 계획에 대해 공개적으로 반기를 들었다고 밝혔다. 뉴스아고라는 중앙선거관리위원회가 사전투표 관리부실 사태와 관련된 감사원의 감사 계획에 대해, "헌법 제97조는 감사원의 직무감찰 대상을 '행정기관 및 공무원의 직무'로 규정하고 있다"고 하면서 "행정기관이 아닌 헌법상 독립기관으로 설치된 선거관리위원회에 대한 (대통령 소속) 감사원의 직무감찰은 헌법에 위반될 소지가 있다"고 밝혀 선거 업무 관련 직무감찰에 대해 정면으로 반발했다고 보도했다.

선거관리위원회를 헌법상 독립기관으로 설치한 것은 각종 선거와 국민투표 등에 관한 사무 처리에 있어 이해관계인 등 외부의 부당한 영향이나 간섭을 배제하고, 중립적이고 공정하게 직무를 수행할 수 있도록 보장하기 위한 데 있다. 관련 전문가들은 대통령 소속 감사원이 헌법기관에 대해 직무감찰을 하면 헌법기관의 직무 수행

독립성과 정치적 중립성이 침해될 수 있다고 강조했다.

그러나 당시 야당(국민의힘 당)은 감사원법을 근거로 선거관리위원회에 대한 감사가 가능하다고 보았다. 즉 감사원법 제24조에 따르면 감사원의 직무감찰 범위는 '행정기관의 사무와 그에 소속한 공무원의 직무'로 규정하고 있다고 하면서, 직무감찰의 '제외 대상'에는 국회 · 법원 · 헌법재판소만을 명시하고 있는 바, 제외 대상에 포함되지 않은 선거관리위원회에 대한 감사는 문제될 것이 없다고 주장한 것이다.

'국민의힘' 당 원내 대표는 "문○○ 정권 내내 독립된 헌법기관임을 망각하고 정권의 입맛에 맞춘 고무줄 선거법 해석을 내놓으면서 '문관위(문○○ 대통령의 선관위)'라는 오명까지 얻은 선관위가 무슨 낯으로 감사를 거부하는가"라며, "후안무치하다. 국민은 선거관리위원회의 존립이 필요한가에 대한 의문을 가지고 있다. 선거관리위원회의 감사 거부는 국민적 저항을 마주할 것"이라고 비판했다.

민주주의를 위협하는 행태는 한국뿐만 아니라, 세계 여러 나라에서 다반사로 발생하고 있다. 예를 들어 미국의 '주(州) 연합민주주의 센터(States United Democracy Center)' 2022년 9월 22일 자 보고서에 따르면, 대부분의 주 의회 회기가 종료된 2022년 7월 31일 현재 33개 주에서 선거 관리를 방해할 수 있는 최소 244개의 법률안이 제안되었으며, 이 가운데 24개 안이 법률로 채택되었다고 밝혔다.

그 주요 내용을 유형별로 살펴보면 다음과 같다. (1) 선거 결과에 대한 통제권 침탈(usurping control over election results); (2) 당파적 또는 비전문적 선거 감사 요구 또는 리뷰(requiring partisan or unprofessional election "audits" or reviews); (3) 선거 책임에 대한 권한 장악

(seizing power over election responsibilities); (4) 선거 관리에서의 실행 불가능한 부담 창출(creating unworkable burdens in election administration); (5) 불균형적 형벌 등의 부과(imposing disproportionate criminal or other penalties).

이 같은 조치들을 통해 결국 선거 관리가 전문적이고 냉정한 전문가의 손을 벗어나게 되고 투표 집계에 대한 적나라한 정치적 간섭이 가능하게 되었으며, 선거의 선언된 결과가 유권자의 선택을 반영하지 않을 수 있게 되었다는 것이다. 요약하면 오랜 기간 동안 진화해 온 민주적 정치 질서에 대한 합의가 무너지게 되었다는 것이다.

13 공권력의 개입 증대

비단 특정 국가에 한정된 것만은 아니지만 근년 들어 여론조작과 선거 등 민주 과정에 대한 정치 권력의 개입이 증대되고 있다. 그런데 민주주의를 근본적으로 뒤흔드는 이와 같은 민주주의 파괴 행위에 대한 국민들의 경각심은 느슨해지고 있다. 관권선거로 자유당 정권이 무너진 4·19 혁명이 일어난 지 불과 60년이 지나지 않았음에도 불구하고.

2000년대 이후 우리 사회에서는 국가정보원, 국군사이버사령부[1], 경찰 등 국가기관에 의한 여론조작 사건(댓글 공작 혐의)이 불

1) 국군사이버사령부(R.O.K. Cyber Command)는 사이버 전쟁을 전담하는 국방부 직할의 사령부이다. 최초에는 국방개혁 2020 계획과 7·7 DDoS 공격을 계기로 군 차원의 사이버 안전의 필요성에 따라, 2010년 1월 국방정보본부 예하 사령부로 설립되었다. 이듬해인 2011년 9월 국방개혁 307 계획에 따라 대한민국 국방부 직속 사령부로 개편되었다. 2019년 2월 26일에는 고유명칭이 사이버작전사령부로 변경되었으며, 합참의장 통제를 받는 합동부대가 되었다.

거져 사법부에 의해 유죄 판결을 받았다.

국가정보원에 의한 여론조작 사건은 2012년 대통령 선거기간 중 국가정보원 소속 심리정보국 소속 요원들이 국가정보원장의 지시에 따라 인터넷에 게시글을 남김으로써 2012년 12월 19일 치러진 제18대 대통령 선거에 개입하였다는 사건을 일컫는다. 당시 국가정보원장이었던 원○○이 국정원 내부 인트라넷을 통해 직원들에게 수년 동안 정치에 개입하는 인터넷 활동을 지시한 내용이 확인되고, 15개 이상의 사이트에서 국가정보원 직원들이 게시글을 남긴 사실이 확인되었다.

원○○은 2009년 2월 제30대 국정원장으로 임명되어 2013년까지 근무하였다. 원 전 원장은 국정원장 취임 초기부터 이른바 '지시 사항'을 국정원 조직 내에 하달해 왔다. '지시 사항' 가운데는 대통령 선거 당시 "종북 세력들이 사이버 공간에서 선전 · 선동··· 좌시해서는 안됨"이라는 지시사항도 포함되어 있었다. 원○○은 이 지시 사실이 밝혀진 이후 2013년 3월 21일 밤에 비공개로 퇴임식을 가진 후 국가정보원장직에서 사임했다.

원○○ 전 원장은 취임 후 정부 정책에 반대하는 야당, 시민단체, 노조 등을 모두 '종북 좌파'로 공격하라고 지시하였고 '전(全) 부서장회의 지시 · 강조 말씀'을 통해 22차례 정치 개입을 지시한 것으로 밝혀졌다. 이에 따라 무상 급식 · 4대강 사업 반대 · 제주 해군기지 반대 등을 좌파의 반대 운동으로 규정하였고, 선거에 대해서는 2010년 대한민국 제5회 지방 선거부터 개입을 지시하였다.

서울중앙지방법원 형사합의21부는 2014년 9월 11일 국가정보원법 위반과 공직선거법 위반 혐의로 기소된 원○○ 전 국정원장에 대해 징역 2년 6월에 집행유예 4년, 자격정지 3년을 선고하였다. 재판부는 원 전 원장의 국정원법 위반을 인정하였으나, 공직선거법위반 혐의에 대해서는 무죄를 선고하였다. 한편 서울고등법원 형사6부는 2015년 2월 9일 항소심 선고 공판에서 공직선거법 위반 혐의도 유죄로 인정하여 징역 3년, 자격정지 3년을 선고하고 법정구속하였다. 또한 대법원 전원합의체는 2015년 7월 16일 항소심이 증거능력에 대한 법리를 오해하고 사실 관계를 잘못 판단한 오류가 있다며 유무죄 판단 없이 사건을 파기환송 하였다.

항소심은 원 전 원장에 대해 2017년 8월 30일 국가정보원법 위반과 공직선거법 위반 혐의로 징역 4년형과 자격정지 4년을 선고하였다. 원 전 원장은 이 사건으로 5차례의 판결 끝에 2018년 대법원에서 징역 4년과 자격정지 4년을 확정받았다.

2014년 사이버사령부 등 군 조직도 대통령선거 기간 동안 인터넷상에서 여론조작을 위한 공작을 한 사실이 검찰에 의해 확인되었다. 군부대에 의한 여론조작 사건 가운데는 국가 안보와는 거리가 먼 4대강 사업, 동남권 신공항, 광우병 촛불집회 등 국내 정치와 밀접한 이슈들도 상당수 포함됐다. 이 과정에서 정부 정책에 반대하는 유명인들을 사찰하기도 했다는 것이다.

2012년 1월과 7월 이명박 행정부에서는 위안부 문제까지 댓글 공작을 벌인 사실이 드러났으며, 또한 '레드 펜'(red pen)이라는 작전명으로 정부 비판 성향의 게시물과 댓글을 작성한 누리꾼들의 인터넷 아이디(닉네임, 누리집 주소 등 포함)를 대량 수집해 온라인 '블랙리스트'를 만들어 관리해온 것으로 확인됐다. 또한 박근혜 행정부 초기인 2014년에는 '언더그라운드 해킹팀'을 만들어 법원 전산망을 해킹했다는 충격적인 사실도 밝혀졌다.

서울방송은 2019년 7월 25일 자 보도에서 사이버사령부 정치 댓글 사건과 관련하여 연○○ 전 사이버사령관이 금고 2년의 실형을 선고받았으며 옥○○ 전 사이버사령관은 금고 1년에 집행유예 2년을 선고받았다고 밝혔다. 서울방송은 이날 국군 사이버사령부의 온라인 여론조작 활동에 관여한 혐의로 기소된 연 전 사령관에게 서울중앙지법 형사항소1부가 금고 8개월에 집행유예 2년을 선고한 원심을 파기하고 금고 2년을 선고했다고 밝혔다. 서울방송은 또한 1심에서 선고유예를 받았던 옥○○ 전 사이버사령관에 대해서는 금고 1년에 집행유예 2년을 선고하였다고 보도했다. 이들은 18대 대통령 선거와 총선을 전후해 사이버사령부가 댓글 게시 등을 통해 여론조작 활동을 펼치도록 지시·관여한 혐의를 받았다.

한편 국내 정치에 관여한 또 하나의 군(軍) 조직인 국군기무사령부의 배○○ 전(前) 사령관도 2022년 8월 26일 '댓글 공작 혐의'로 징역 3년을 선고받고 법정구속 되었다. 배 전 사령관은 2011년 이명박 행정부 당시 약 2년에 걸쳐 국군기무사령부의 공작조직 '스파르타'를 통해 정치 댓글 2만여 건을 달라고 지시한 혐의로 재판에 넘겨졌었다. 배 전 사령관은 또한 대통령과 정부 정책을 비판하는 수백 개의 아이디 가입 정보를 조회하라고 지시한 혐의도 받았었다.

또한 민주적 정치 과정을 촉진하고 감시해야 할 경찰 조직도 18대 대통령 선거 당시 민주적 정치 과정을 파괴하는 방향으로 부당하게 수사에 개입한 혐의를 받았다.

한편 19대 대통령 선거 이후에는 소위 '드루킹' 사건과 관련된 김○○ 경남도지사 사건이, 정치 권력이 연관된 여론조작 사건의 대표적 사례로 떠올랐다. 19대 대선에서 드루킹은 '킹크랩'이라는 반복 명령을 수행하는 매크로 프로그램이 활용되었다. 킹크랩은 포털사이트 기사에 달리는 댓글의 공감・비공감 버튼을 다수 ID로 자동 클릭하는 프로그램이다. 킹크랩 역시 특정 댓글이 '베스트 댓글'이 되어 네티즌들에게 보다 많이 노출되게 하는 점을 노렸다. 김 지사는 2018년 8월 허○○ 특별검사팀에 의해 드루킹 일당과 공모해 컴퓨터 등 장치를 이용해 포털사이트 업무를 방해하고 공직선거법을 위반한 혐의로 기소됐다.

김 지사는 2016년 11월 더불어민주당 대선 후보였던 문○○ 후보의 당선을 위해 드루킹 등 더불어민주당 권리당원과 모의해 자동화 프로그램 '킹크랩'을 이용, 여론을 조작한 혐의를 받았으며 이는 결국 사실로 드러났다. 김 지사는 1심에서 공직선거법 위반으로 유죄를 받았다가 2심에서 무죄로 뒤바뀌었다. 김 지사는 2021년 7월 21일의 대법원 최종 판결에서 더불어민주당원 댓글 조작 사건의 컴퓨터업무방해죄 혐의로 징역 2년의 선고가 확정되어 지사직을 상실했다.

대법원은 "대통령 선거와 관련해 정치적 중립을 지켜야 할 공무원들이 지위를 이용해 특정 후보자와 정당을 찬양・지지하거나 비방・반대하는 활동을 집단・동시다발적으로 했다"고 유죄판결을 했다.

최근 급속하게 발달하는 정보통신기술(IT)은 대부분 민주주의를 훼손하는 방향으로 작용한다. IT기술의 발달은 인터넷을 활용한 전면적인 감시와 통제, 그리고 시민들의 사상 개조에 따른 권력 집중화를 초래한다. 다른 말로 하면, 권위주의적인 독재자는 디지털 독재를 실시한다. 그러나 IT기술은 동시에 문제 해결을 위한 여건을 조성해 주기도 한다. 즉 인터넷은 민주주의를 이롭게 할 수도 있으며 위태롭게 하는데 활용될 수도 있다.

진정한 민주주의 회복을 위한 사회적 기반을 마련하기 위해서는, 공권력의 개입을 억제하고 민주주의를 확고하게 지키고자 하는 사회구성원들의 의식이 무엇보다 중요하다.

제 5 부

한국의 민주주의를 위협하는 구체적 문제점들

14 선거관리위원회의 관리 부실

누차 지적하였듯이, "민주주의는 투표장에서 붕괴한다." 어느 사회건 진정한 민주주의를 회복하기 위해서는 무엇보다 선거관리위원회의 기능 확립이 중요하다.

한국의 국가정보원은 2023년 10월 10일, 동년 7월 17일부터 9월 22일까지 12주간 진행한 중앙선거관리위원회에 대한 보안 점검한 결과를 발표했다. 이날 발표에서 국가정보원은 중앙선거관리위원회의 업무 망·내부 망 등이 보안에 취약하고, 해킹당할 경우 투표자의 사전투표 여부나 개표 결과 등 중요한 정보들이 조작될 수 있다는 사실을 확인했다고 밝혔다. 보도에 따르면 이번의 보안 점검은 국가정보원과 선거관리위원회 및 한국인터넷진흥원(KISA)과 합동으로 진행되었으며, 여야 참관인이 입회한 가운데에 실시됐다.

이번 보안 점검은 가상의 해커가 선거관리위원회의 전산 망을 침투(hacking)하는 방식으로 진행됐다. 이날 백○○ 국가정보원 3차장은 그러나 "이번 점검은 기술적 측면에서 해커의 관점으로 시스템의 취약점을 확인한 것"이라며 "과거에 제기됐던 선거 관련 의혹들과 단순 결부시키는 것은 경계해야 한다"고 밝혔다.

국가정보원 관계자는 또한 선거관리위원회의 통합선거인명부 시스템을 외부 인터넷을 통해 해킹할 수 있는 허점이 존재한다는 사실이 드러났고, 이를 통해 사전투표하지 않은 유권자를 투표한 것으로 표시하거나 사전투표를 마친 유권자를 투표하지 않은 것으로 조작할 수 있다는 사실이 확인됐다고 주장했다. 그리고 국가정보원은 사전투표 용지에 인쇄되는 선거관리위원회의 청인(선거관리위원회 도장)과 투표소의 사인(투표관리관 도장)을 탈취해, 사전투표 용지를 무단으로 인쇄하는 것도 가능했다고 밝혔다.

국가정보원 관계자는 또한 선거관리위원회의 내부망에 침입한 해커가 '유령유권자'를 등록하거나 사전투표를 마친 유권자가 투표하지 않은 것처럼 조작할 수도 있었다고 밝혔다. 그리고 사전투표용지에 날인되는 청인(선관위 도장), 사인(투표관리관 도장) 파일을 선거관리위원회 시스템에서 훔칠 수 있어서 사전투표지를 무단으로 인쇄하는 것도 가능했다고 주장했다. 국가정보원 관계자는 또한 선거관리위원회가 개표 시스템 관리 계정의 비밀번호를 초기에 설정된 '12345', 'admin'(관리자) 등을 바꾸지 않고 그대로 사용하는 경우도 있었다고 밝혔다.

국가정보원 관계자는 그리고 개표 시스템의 보안 관리가 미흡해, 후보자의 개표 결과를 조작하거나 투표지 분류기의 분류 결과를 바꾸는 것도 가능했다고 주장했다. 국가정보원은 또한 사전투표소에 설치된 통신 장비를 통해 선거관리위원회의 내부 선거 망으로 침투하거나, 재외공관 선거 망을 통해 재외공관 업무 망까지 침투하는 것도 가능했다고 밝혔다. 국가정보원은 또한 이번 조사에서 선거관리위원회는 최근 2년간 국가정보원이 파악해 선거관리위원회에 통보한 북한발 해킹 사고 8건에 대해 사전에 알지 못하고 있었다는 사실도 확인했다. 선거관리위원회는 또한 이 사건과 관련된 해킹 피해자에 이를 통보하거나, 자료 유출 여부를 확인하는 등 사후 조치를 취하지 않아, 같은 피해자가 연속으로 해킹을 당하기도 했다고 국가정보원은 밝혔다. 국가정보원 관계자는 그러나 "북한 해킹 그룹이 선거관리위원회 내부 망에 침투했는지 여부는 확인하지 못했다"고 하면서 "과거에 선거에 사용되었던 임대 장비는 이미 반납됐다"고 덧붙였다.

선거관리위원회는 그동안 보안 점검을 자체적으로 한 뒤 서면으로만 결과를 제출하고, 국가정보원의 현장 점검을 거부해 왔다.

이번 점검에서 국가정보원은 2022년 선거관리위원회가 100점 만점으로 제출한 보안 점검 이행 여부를 점검한바, 재평가 결과 점수가 31.5점을 기록한 것으로 확인했다고 밝혔다. 국가정보원 관계자는 "선거관리위원회의 취득 점수가 국가정보원이 현장 점검해 온 국가기관 119곳의 평균점(81.9점)보다 현저히 낮아, 최하점(44.6점)에도 이르지 못했다"고 설명했다.

국가정보원은 이어 선거관리위원회에 대해 전산 망 간 접점을 제거하고, 비밀번호를 바꾸는 등의 보완 조치를 취하도록 권고하고, 선거관리위원회가 2024년의 총선 전까지 자체 역량을 강화하고, 보안 역량을 강화할 수 있는 다양한 방안을 제안했다고 설명했다.

선거관리위원회는 국가정보원의 이번 발표에 대해 즉각 입장문을 내고 "선거 결과 조작은 사실상 불가능하다"며 "기술적인 해킹 가능성만 부각해 선거 결과 조작 가능성을 언급하는 것은 선거 불복을 조장해 사회 통합을 저해하고 국민 불안과 사회 혼란을 야기할 수 있으며 선출된 권력의 민주적 정당성까지 훼손할 위험성이 있다"고 지적했다.

김○○ 고려대 정보보호대학원 교수는 "국가정보원의 이러한 발표에 대해 전산 보안 결과만 가지고 과하게 표현한 측면이 있다"고 밝혔다.

한국의 선거관리위원회는 그동안 야당과 언론으로부터 투·개표 과정을 부실하게 관리해 왔다는 질타를 끊임없이 받아왔다. 특히 2020년 4월 15일에 시행된 제21대 대한민국 국회의원 선거와 20대 대통령 선거는 선거관리위원회의 미흡한 사전투표 관리로 인한 논란이 컸다. 이 선거는 민주화 이후 가장 많은 부정선거 음모론이 제기된 선거였다. 코로나19 확진자가 폭증한 시기에 치러진 이 선거에서 더불어민주당 등 진보진영은 180석이라는 대승을 거뒀다. 참패한 보수진영에서는 민○○ 전 국회의원과 일부 보수 유튜버들을 중심으로 △투표지 분류기 해킹 △투표용지 QR코드를 통한 보수층 투표 무효화 △가짜 투표용지 바꿔치기 등 각종 음모론이 제기되었다.

특히 코로나19 확진자가 폭증한 2022년 3월 치러진 제20대 대통령 선거는 선거관리위원회의 미흡한 사전투표 부실관리에 대한 논란이 컸다. 이 선거에서 국민통합당의 윤석열 후보가 당선되고, 5월 10일 대통령에 취임하였다.

당시 선거관리위원회는 코로나19 확진자 및 밀접 접촉자들이 별도의 장소에서 기표한 투표용지를 보관함에 넣고, 이를 선거사무원이 투표함에 투입하는 방식으로 사전투표를 진행했다. 이는 한 투표소에서 하나의 투표함만 사용될 수 있다는 공직선거법 조항 때문이었지만, 각 투표소에서 내부가 보이는 비닐봉지나 소쿠리 등을 보관함으로 사용해 유권자들이 문제를 제기했다. 또한 선거사무원이 투표용지를 투표함에 옮기는 과정도 감시가 이뤄지지 않아 바꿔치기 논란을 불러왔다.

서울방송(SBS)의 2022년 3월 8일 자 보도에 따르면, 경기도 부천시 유권자들이 관외에서 사전투표한 우편물과 제주 우도 주민의 사전투표함이 CCTV가 없는 지역선거관리위원회 사무국장 사무실에 보관된 것으로 드러나 방치 논란이 일기도 했다. 또한 특정 후보에게 이미 기표된 투표용지가 공개된 사례가 경기도 수원시에서 추가로 확인되기도 했다. 선거관리위원회의 투표 관리가 그만큼 엉망으로 진행된 것이다.

공직선거법상 사전투표 우편물이 담긴 우편 투표함과 사전투표함은 모두 CCTV가 설치된 장소에 보관하도록 규정되어 있다. 선거관리위원회는 법이 규정한 투표함에 넣기 전에, 또 이동 중에 임시 보관하는 장소여서 CCTV는 없어도 된다고 해명했다.

2022년 3월 16에는 김○○ 중앙선거관리위원회 사무총장(장관급)이 임기 7개월 남기고, 사전투표 부실관리의 책임을 통감한다고 하면서 사의를 표명했다. 김 사무총장은 이날 낮 중앙선거관리위원회 직원들에게 이메일을 보내 “이번 대통령 선거에서 발생한 확진자 등 사전투표 부실관리 사태와 관련해 사무총장으로서 그 책임을 통감하고 다시 한 번 머리 숙여 사죄드린다”고 밝혔다. 그는 이어 “결과적으로 우리 (선거관리)위원회에 국민적 비난과 질책이 빗발침으로써 혼신의 노력으로 희생을 감수해 준 직원 여러분께 지울 수 없는 상처를 입혔다"고 덧붙였다. 2020년 10월 취임한 김 사무총장은 관례에 따라 2022년 10월까지 재임하게 돼 있었으나 임기를 7개월 남기고 중도 사퇴하게 된 것이다.

중앙선거관리위원회는 2022년 3월 18일 코로나19 확진・격리자의 대통령 선거 사전투표 부실관리의 책임을 물어 선거정책실장과 선거 국장을 징계・교체했다. 중앙선거관리위원회는 즉 공직선거 절차 사무를 총괄 관리하는 전(前) 선거정책실장에게는 정직 3월, 전 선거 국장에게는 정직 2월의 징계를 각각 의결했다. 실무부서장인 선거 1과장에 대해서는 '불문 경고'를 내렸다. 당시 사무차장이었던 박○○ 사무총장에 대해서는 사무총장을 보좌하는 정무직공무원임을 고려해 중앙위원회 전체 회의에서 '엄중 경고' 조치했다. 사전투표 부실관리 논란과 관련해 당시 김○○ 사무총장과 노○○ 중앙선거관리위원장은 2022년 3월과 4월에 각각 사퇴했다.

중앙선거관리위원회는 또한 사전투표 관리부실은 △폭증하는 코로나19 격리자 등의 투표수요 예측 부실 △종전 임시기표소 투표방식에 안주한 정책 판단 오류 △내부 의사 결정 과정의 비합리성 △관계기관 협업 미흡 △인사・감사 기능의 구조적 제약 등 △내・외부의 여러 가지 요인이 복합적으로 작용하여 발생한 것으로 분석했다. 2022년 3월 10일 제20대 대통령에 당선된 윤석열 대통령은 2022년 5월 10일 취임하였다.

국민의힘 등 정치권과 대한변호사협회 등에서는 이번 사태와 관련해 총책임자인 노○○ 중앙선거관리위원회 위원장의 사퇴를 요구하는 가운데, 노 위원장은 선거관리위원회 직원에 보낸 이메일에서 "6・1지방선거를 흔들림 없이 준비하겠다"면서 사퇴 요구에 선을 그었다.

국민의힘은 노○○ 중앙선거관리위원회 위원장의 사퇴를 지속적으로 요구했다. 이번 선거 관리 부실뿐 아니라 그간 선거운동 방식에 대한 선거관리위원회의 유권해석을 두고 공정성 시비가 이는 등 '선거 심판' 자격을 상실했다는 것이다. 국민의힘은 노 위원장을 포함한 친여(親與) 성향 인사들로 채워진 중앙선거관리위원회 구성도 비판했다. 중앙선거관리위원회 7명 중 조○○(여야 합의로 국회에서 선출) 위원을 제외한 6명은 대통령이 임명했거나 대법원장이 지명, 여당 추천으로 국회에서 선출되었다.

한편 윤 대통령의 취임(2022년 5월 10일) 이후 감사원은 2022년의 대통령 선거 당시 코로나19 확진자들의 투표용지를 종이봉투 등에 담아서 논란이 됐던 이른바 '소쿠리 투표'와 관련해서 중앙선거관리위원회와 지역선거관리위원회에 감사관을 대거 투입하여 감사를 벌였다. 이에 대해 중앙선거관리위원회는 대통령 소속 기관인 감사원이 헌법기관인 선관위를 감사하는 것이 적절하냐고 하면서 반발하였다. 즉 헌법 97조에 따르면 감사원의 직무감찰 대상은 행정기관과 공무원인데, 헌법상 독립기관인 선거관리위원회를 감사하는 건 위헌 소지뿐 아니라 헌법기관의 독립성과 중립성을 침해할 우려가 있다는 이유에서다. 2022년 4월에도 감사원이 대통령직인수위원회에 선거관리위원회에 대한 감찰 계획을 제출했지만 선거관리위원회가 응할 수 없다며 거부한 바 있다.

선거 결과에 대한 의혹이 제기되면 선거관리위원회가 적극 나서서 이들 의혹을 해소해야 하는 것이 의무이나 그렇게 하지 않았다. 즉 4·15 총선[2] 결과 100건이 넘는 선거 결과 불복 소송에 대해서도 선거관리위원회는 소극적으로 재판에 임하고 있다. 선거 결과에 대하여 의혹을 제기하는 사람에 대하여 선거관리위원회는 선거방해죄 등으로 고소하였다. 이는 다른 사람들로 하여금 선거 의혹 제기를 어렵게 만들고 있다.

4·15 총선에 대해 제기된 대표적 의혹으로는 다음과 같은 것들이 있다. (1) 하나의 선거구 내에서 두 후보자 간의 사전투표와 본투표의 후보자별 총득표율의 차이가 통계학에서 허용하는 오차의 범위(통상 1% 내지 3%)를 많이 벗어났다. 대부분의 경우 8~12%로 통계적으로 받아들여지는 범위와 3~4배 정도 차이가 났다. (2) 위의 두 후보자 간의 득표율 차이는 거의 모든 투표소(통상 수십 개소)에서 동일하게 반복적으로 나타난다. 이러한 현상이 통계학적으로 나타날 확률은 지극히 적다. (3) 이런 득표율의 차이는 한 지역구에서만 나타나는 것이 아니라 여러 지역구에서 동일하게 나타났다. 이런 현상은 사전 여론조사에서 지지율이 경합인 지역에서 많이 나타났다. (4) 이와 같은 사전투표와 본 투표의 득표율 차이가 21대 4·15 총선에서 특히 많이 나타났는데 이전의 20대 총선에서는 같은 선거구와 비교했을 경우 대부분 허용 오차 범위 내에 있었다. (5) 21대 4·15 총선에서도 사전 여론조사에서 정당별 지지도가 많이 차이나는 지역은 (예를 들면 호남, 영남 등) 득표율 차이가 많지 않아 통계학적으로 오차 범위 내에 있는 곳이 많았고 어떤 지역구에서는 약세

2) 2020년 4월 15일 치러진 제21대 국회의원 선거. 선거 결과가 미래통합당의 참패로 끝나자 미국 정치 마이너 갤러리, 일베저장소, 와이고수 등 극우 커뮤니티 및 파이낸스 투데이 같은 극우 언론, 그리고 가로세로연구소 등 극우 유튜버들 일각에서는 부정선거 음모론을 제기하였다. 이들은 21대 총선을 3·15 부정선거에 빗대 4·15 부정선거로 부르기도 한다.

정당의 사전투표 득표율이 높은 곳도 있었다. 이는 특정 정당을 지지하는 유권자가 사전투표를 많이 했다는 주장에 대한 강력한 반대 증거이다. ⑹ 선거관리위원회가 선거에서 사용하는 서버가 원래는 정부통합전산센터 내에 있었는데 지난 총선 전에 선거용 서버를 선거관리위원회가 관할하는 별도의 전산센터로 옮겨 해킹에 더 취약해 졌다. ⑺ 4 · 15 총선 후에 서버를 전부 교체하였다는 의혹이 제기되었다. ⑻ 선거 소송 과정에서 원고 측이 개표 당일 스캔한 투표지 원본의 열람을 요청하였으나 이 또한 거절되었다.

15 대법관과 선거관리위원장 겸임의 문제점

선거관리위원회가 헌법에 명시되어 있는 독립기관임에도 불구하고 그 수장인 중앙선거관리위원장은 사법부에 속한 대법관이 겸임하고 있다는 점이 이번 선거 소송 과정에서도 적지 않은 문제점을 지닌 제도라는 것이 드러났다. 다른 말로 하면 일반적으로 선거 관련 소송은 6개월 이내에 완료하도록 법률로 정해져 있으나, 대법원이 선거 관련 소송을 적극적으로 진행하지 않고 있다는 점이 문제점으로 지적된 것이다. 만약 추후에 선거가 무효로 판결될 경우 그사이 제정된 법률의 유효성이 심각한 타격을 입을 수 있다.

이러한 시스템에서 선거 결과에 대해 논란이 생기면 법원에서 다툴 수밖에 없는데, 이는 유권자나 후보자의 입장에서 보면 동일한 주체가 선거를 관리·집행한 뒤 시시비비도 판단하는 것이 된다. 이는 마치 운동 경기에서 운동선수가 심판을 겸하는 것과 같다고 할 수 있다. 그리고 선거관리위원회는 상시 조직에 속해 있어 상호 간의 유대관계나 상하 관계가 명확하다. 그러나 선거관리위원회 위원장인 대법관은 평상시에 재판 업무가 있기 때문에 선거가 있을 경우에만 한시적으로 관여해 온 것이 현실이다. 그래서 위원장이 조직을 파악하고 운영하는 데는 한계가 있다.

그리고 선거관리위원회 위원장은 대법관들이 서로 직책을 맡지 않으려고 해서 가장 후임이 맡아 온 관례가 있었다. 또한 선거관리위원회 직원의 입장에서 보면, 선거관리위원회 위원장은 임기가 정해져 있는 계약직과 같은 생각이 들기 쉽고 또 선거 기간 중에만 근무하는 임시직과 같이 느껴지기에 선거관리위원회 직원들의 창의적이고 자발적인 동기를 유발하기 어렵다. 그리고 선거관리위원회 위원장의 입장에서 보면, 선거관리위원회 사무는 부수적 업무이고 주업무는 어디까지나 대법원 업무이다 보니, 본인의 임기 중에는 선거관리위원회 내에서는 사고나 문제가 발생하지 않도록 소극적으로 업무를 처리하기 쉽다.

그리고 이와 같이 선거관리위원회와 대법원이 한 몸이 되는 제도를 가지고는 선거 시비에 대한 공정한 판단을 얻기 어렵다. 더구나 오늘날과 같은 정보화 시대에서는 소수의 인원이 간단한 컴퓨터 조작으로 선거 결과를 만들어 낼 수 있으므로, 더욱 엄격한 사후 검표와 검증이 되도록 제도를 보완해야 한다. 대부분의 국민은 전산으로 선거를 관리하기에 더 공정하고 정확할 것으로 믿고 있으나, 이는 완전한 착각이며 현실은 정 반대로 나타나고 있다.

현행 제도의 개선책으로는 다음과 같은 점을 고려해 볼 수 있을 것이다.

(1) 사법부의 대법관이나 판사를 선거 업무에서 완전히 배제시켜 선거관리위원회를 행정부 내의 독립기관으로 만들고 감사원이나

대통령실 등에서 감리 감독토록 한다.

(2) 대법관이 선관위원장을 계속할 경우는 선거 소송을 대법원에서 담당하지 않고 헌법재판소 등 적당한 기관 내에 한시적으로 운영하는 특별법원을 만들어 선거 소송을 담당케 한다.

16 사전투표제와 선거일 공휴일제의 문제점

한국의 투표율 제고 정책 가운데는 선거일 공휴일제와 사전투표제를 이중으로 시행하는 모순이 있다. 지구상의 많은 나라에서는 선거일을 공휴일로 지정하지 않고 있으며, 토요일이나 일요일을 선거일로 하고 있다. 한국에서는 투표율을 제고한다는 명분으로 2가지 정책을 병행하여 실시하고 있으나 이는 지나친 정책으로 생각된다. 정부에서는 이 두 가지 정책을 병행하여 시행하는 것이 효과가 있음을 증명하여야 할 것이다.

국민의 투표 행위가 의무냐 권리냐의 논쟁이 있을 수 있는데, 1인 1표의 보통 투표를 얻기 위한 투쟁 과정을 보면 권리인 것이 분명하다. 따라서 권리를 스스로 포기하는 것을 조장해서는 아니 되겠지만 억지로 강제해서도 아니 될 것이다.

선거 투명성에 가장 많은 의혹을 제기하는 것이 사전투표제이다. 지금까지 제기된 사전투표제의 문제점으로는 다음과 같은 것들이 있다.

⑴ 사전투표제를 시행할 경우, 법정 선거운동 기간을 다 채우기 전에 투표를 해야 할 경우가 생길 수 있다.

⑵ 사전투표일과 본 투표일 간에 시간 간격이 길어 이 기간 동안 투표함 보관에 대한 투명성을 확보하기 어렵다.

⑶ 사전투표소에는 투표하고자 하는 사람의 선거인 명부가 없어, 참관인들이 투표 희망자의 투표권 확인이 어렵다. 사전 투표를 하고자 하는 사람들의 명단은 오로지 선거관리위원회에 있는 서버 콤퓨터(Server Computer)에만 들어 있다. 당일 투표 시에는 참관인 등이 눈으로 확인할 수 있는 투표인 명부가 현장에 있는 것과 대비된다.

⑷ 총선의 경우 우편으로 투표용지를 보내는 제도에서 많은 문제점이 발견되었다. 등기우편으로 발송할 경우 우체국 별로 도착과 출발 시각이 기록되는데 거리 상으로 불가능한 시간 차이로 도착한 경우가 적지 않게 일어났다.

⑸ 사전투표장에 도착하면 전산으로 신분을 기록하고 큐알코드(QR Code)가 인쇄된 투표용지를 교부하는데, 이 큐알코드에는 너무 많은 정보가 담겨질 수 있다는 문제점을 지닌다. 선거법에는 분명히 바코드(Bar Code)를 사용하도록 명시되어 있는데, 굳이 큐알코드를 사용하는 데는 다른 목적이 있는 것이 아닌지 의혹이 제기되고 있다. 큐알코드에는 대상자의 정치 성향 등 여러 정보를 담을 수 있다.

이러한 문제점을 해결하기 위한 대안으로 다음과 같은 방안을 생각해 볼 수 있다.

⑴ 사전투표를 없애고, 선거를 토요일과 일요일 연속된 이틀로 한다.

(2) 사전투표일은 금요일로 하고 본 투표일은 이어지는 토요일과 일요일로만 한다. 이때 사전투표의 개표는 본 투표지와 함께 한다. 총선의 경우 전국 여러 곳에서 투표가 이루어지나 후보자별 집계는 별 어려움이 없을 것이다. 이는 사전 투표용지를 우체국에서 보관 이송하는 것보다 훨씬 높은 투명성을 보장할 수 있다.

(3) 사전투표가 꼭 필요하다고 판단될 경우에는, 투표자가 투표일, 투표 장소를 사전에 예약하여 선거관리위원회에서 투표소별로 선거인 명부를 비치할 수 있도록 하며 또 투표 현장에서 참관인 등이 본인 확인과 더불어 선거권을 확인할 수 있도록 하여야 할 것이다. 이때 선거인 명부는 사전투표인 명부와 본 투표인 명부를 나누어 작성하여 모든 국민이 한 번의 투표 기회를 가지도록 하여 형평성을 유지하도록 하여야 할 것이다.

17 IT 강국의 역설

한국은 주민등록 제도를 오래 전부터 시행하여 왔다. 현재는 이 데이터가 모두 전산화되어 있기 때문에 아주 쉽게 개인의 신상 정보에 접근할 수 있다. 주민등록 이외에도 각 개인에 대한 정보를 파악할 수 있는 곳은 운전면허, 의료보험 등 공공기관이 있고, 민간에서도 은행을 위시한 금융기관, 통신회사, 각종 사설 인증기관(본인 인증), 포털 사이트(Portal Site), 쇼핑몰(Shopping Mall), 택배회사 등 헤아릴 수 없이 많이 있다. 이렇게 잘 정리된 데이터베이스는 외부에서도 아주 쉽게 접근할 수 있다.

불순한 의도를 가지고 이 데이터를 얻고자 한다면 많은 전산 지식이 필요치 않을 것이다. 더구나 전문 해커를 동원한다면 이는 아주 쉬운 일이 될 것이다. 현시점에는 해킹을 전문으로 하여 이득을 취하는 집단도 해외에 많이 있는 것으로 언론에서도 보도되고 있다. 특히 선거에 개입할 수 있는 해킹 집단이 언론에도 소개되어 충격을 주고 있다.

여론조사에 대해서도 그 결과에 의문을 제기하는 사람이 많이 있다. 정보화사회 (컴퓨터로 정보를 처리하고 이를 전달하는 통신망이 잘 정비된 사회) 이전에는 여론조사에 많은 인력과 경비가 필요하였다. 특히 여러 대의 전화와 많은 조사 인원이 필요하였지만 지금과 같이 개인의 신상 정보가 도처에 널려 있고 개인용 컴퓨터(PC)로 전화를 걸어 정보를 수집·정리하기가 용이한 시대는 소수의 인원 만으로도 소기의 결과를 얻을 수 있다. 이는 (선거) 결과 왜곡이나 조작이 그 만큼 용이해졌다는 것을 의미한다.

여론조사는 그 변화 추세가 지지율 수치만큼이나 중요하게 취급되는데 이런 환경에서는 원하는 결과를 지속적으로 만들어 내는 것이 용이하다. 특히 개인용 컴퓨터를 이용하면 여론조사의 응답 결과를 기록·저장할 수 있기 때문에 다음번 여론조사 시에 원하는 결과에 필요한 만큼의 표본을 추출할 수 있다. 이렇게 장기간 여론조사를 왜곡하거나 조작하여 지지율을 만들어 내고 투표 결과의 득표율도 비슷하게 만들게 되면 유권자들은 별 의심 없이 결과를 받아들이게 된다. 따라서 아무리 수학적으로 발생 확률이 적은 결과가 나와 통계학자나 수학자들이 의혹을 제기해도 선거관리 당국은 계속 무시하는 전략으로 나올 수 있게 만든다.

개표는 사전투표와 당일 투표로 나누어 집계되고, 또한 투표소마다 후보자 별 득표수가 정확히 집계·발표되고 있는 것은 오랜 관행으로 이는 바람직한 일이다. 그러나 이 상세한 집계로 인하여 통계학적 분석이 가능하게 되었다, 그렇지만 분석 결과 발생 불가능한 확률이 계속 일어나고 있어 선거 결과에 대한 투명성에 대한 의혹이 증폭되고 있다.

이와 같은 통계학적 불합리가 현실 세계에서 일어나게 되면, 학문적으로는 조작이 있었다고 결론지을 수 있으나, 현실에서는 이를 근거로 선거를 무효로 하거나 투표 사기가 있었다고 단정하는 것이 쉽지 않기 때문에 결국은 재판을 통하여 해결할 수밖에 없다. 이와 같은 통계학적 불합리에 대한 의혹 제기는 공○○ 박사가 저술한 「도둑놈들 1, 2, 3권」에 상세히 나와 있고 기타 많은 유튜버들이 주장하고 있기 때문에 여기서는 더 이상 언급하지 않겠다.

한국은 주민등록 제도를 기반으로 하는 개인 신상정보가 체계적으로 가장 잘 정리되어 있는 국가이다. 이는 그만큼 통계의 왜곡이나 조작이 용이하다는 것과 동일한 의미를 지닌다. 더욱이 한국의 선거에 개입하기를 원하는 집단이나 조직이 다른 나라에 비하여 많다고 할 수 있다. 비슷한 환경에 있는 일본의 경우(후보자 명을 직접 기입)나 대만의 경우(투표 종료 시 그 자리에서 개표)를 참고하여 단순 명료한 제도로 만들 필요가 있다. 미국의 경우에는 투표의 편리성을 높인다는 명분의 우편 투표제도는 항상 논란의 중심에 있다

만약 1만 명이 선거 사기에 개입하게 된다면 1만 명이 알게 되어 선거 사기가 있었다는 사실을 확정하는 데에 많은 노력이 필요치 않다(예: 자유당의 3·15부정선거). 그러나 몇몇 사람만이 선거를 조작하게 된다면 발각이 대단히 어려울 뿐만 아니라 여러 사람의 동의를 얻는 것도 대단히 어렵다. 전산을 이용한 사기는 전문가에게는 아주 간단한 일이다.

제 6 부

한국의 민주주의 회복을 위하여

- 민주 절차는 더디고 돈이 많이 들어도 좋다 -

18 민주주의의 기반 조성

여러 석학들은 '민주주의 회복을 위한 방안'들을 다양하게 제시한다. 그 가운데는 세계적 차원에서 제시된 보편적 방안들이 있는가 하면, 특별하게 한국 사회만을 겨냥한 구체적 방안들도 있다. 민주주의의 회복을 위해서는 무엇보다 먼저 민주주의의 사회적 기반을 다질 것을 처방한다. 그 가운데 특히 경제적 양극화 방지와 포퓰리즘을 부추기는 사회적 분위기를 안정화시킬 것을 처방한다.

앞서 지적하였듯이, 쉐보르스키(Adam Przeworski, 1940년 5월 5일 출생)는 21세기 민주주의에 대한 위협을 분석하면서, 민주주의에 대한 진정한 위협은 정치적 성격의 것이 아니라 사회・경제적 불평등이라고 주장한다. 그는 즉 민주주의가 직면한 네 가지 도전 가운데 사회・경제적 불평등이 가장 근본적이라고 주장하면서, 민주주의의 회복을 위해서는 무엇보다 경제적 평등(economic equality)을 이끌어 낼 수 있는 제도 개혁이 이루어져야 한다고 주장한다.

쉐보르스키는 또한 2010년의 저서 「민주주의와 자치정부의 한계」에서, 민주주의는 평등, 참여, 대표, 자유의 네 가지 '조건'을 충족해야 하는 일련의 제도라고 주장했다. 여기서 얘기하는 네 가지 '조건'은 민주주의가 추구해야 할 기본 '가치'라고 할 수 있다. 필자들은 여기에 포퓰리즘을 억제하는 사회 분위기를 부가하고자 한다. 진정한 민주 사회를 이루기 위해서는 민주주의의 기본 가치들이 구성원들의 가치 체계 속에 육화(肉化)되고. 여러 사회적 제도 속에 녹아들어야 한다.

한편 한국의 정치학자 임○○ 교수는 현재 (전 세계적으로) 일어나는 민주주의의 위기는 군사 쿠데타나 민중 봉기 때문에 민주주의가 폭력적으로 붕괴하는 전통적 위기가 아니라고 진단했다. 그는 이어 선출된 정부에 의해 민주주의가 점진적으로 침식되고, 스텔스처럼 전복되는 위기라는 점에서 전례 없는 위기라고 주장했다.

그는 먼저 한국의 민주주의는 면역력을 키워야 한다고 처방했다. 그는 즉 시민 임파워먼트(empowerment)를 통해 시민들이 민주화 세력을 지원하고 민주주의를 후퇴시키려는 세력을 제어해야 한다고 주장했다. 그리고 두번째로, 전문가 가디언 집단에 의한 개혁 사보타주를 막기 위해 정당과 의회를 비롯한 대의기구에 의한 민주적 통제를 강화할 것을 처방한다. 그리고 마지막으로 민주주의 침식과 전복을 방지할 수 있는 제도적 혁신을 통하여 한국 민주주의를 위기에 강한 면역력을 가진 난공불락의 민주주의로 재창조해야 한다고 주창했다.

임교수는 나아가 한국도 불평등과 양극화를 해결하지 못하고 갈등을 평화적으로 처리하지 못하면 실망한 시민들이 민주주의를 전복하려는 세력의 선동에 동참함으로써 민주주의가 위기에 빠질 수 있다고 경고했다. 그는 결론적으로, 선제적 제도 혁신과 민주적 갈등 해결 능력을 높임으로써 한국의 민주주의를 위기에 강한 난공불락의 민주주의로 발전시켜야 한다고 처방했다.

한편 또 다른 정치학자 김○○ 교수는 한국 민주주의의 위협요소로 비자유주의, 포퓰리즘, 양극화를 꼽았다. 그는 2022년 6월 14일 한국프레스센터에서 개최된 세미나 '민주주의와 한국사회'에서 이같이 밝혔다. 김 교수는 "비자유주의는 자유주의의 빈곤을 뜻하고, 포퓰리즘은 반다원주의를 강화했다"고 하면서, "경제와 정치의 양극화는 기성 정치에 대한 불신과 혐오를 낳았다"고 분석했다. 그는 "극단적 이념 대결의 고착, 법에 의한 정치의 대체, 선동을 야기하는 가짜 뉴스 범람과 탈진실 도래 등이 우려된다"고 하면서, "상호 관용과 제도적 자제가 약화하면 민주주의가 무너질 수 있다"고 진단했다. 김교수는 이어 "우리 자신의 운명을 스스로 결정하는 민주주의를 대체할 정치제도는 이 세상에 없다"며 "2020년대를 맞이해 민주주의를 어떻게 지속시킬 것인지 다시 진지하게 물어야 한다"고 덧붙였다.

19 정교한 제도적 장치의 마련

앞서 언급한 쉐보르스키 교수는 또한 민주주의 회복을 위해 정치 체제에 알맞은 선거 시스템을 구성할 것을 처방한다. 민주적 정치 질서는 기본적으로 선거에 의해 유지된다. 그는 민주주의의 개선을 위해서는 특히 정당의 공정한 경쟁을 제도적으로 보장해야 하고, 공정한 선거 규칙을 제정할 필요가 있다고 제안한다.

우리나라 국회에서는 2022년 8월 18일 국민대표성 제고를 위해 연동형 비례대표제 개선 등을 포함한 선거 제도 개혁을 위한 정치개혁특별위원회(정개특위)를 발족했다. 법률안 심사권을 부여받은 정개특위에서 안건은 합의로 처리하기로 여 · 야당 간에 합의하였다. 비례대표제 개선 등 선거제도 개혁 이외에 법제사법위원회의 체계 · 자구 심사 권한 폐지 등을 의제로 선정한 정개특위는 활동기한을 2023년 4월 30일까지로 정했다.

그러나 우려했던 대로 2023년 3월까지 선거제도 개혁 방향에 대한 합의가 마련되지 않은 가운데 제대로 된 논의가 이뤄지지 않았다. 즉 2023년 3월 22일 정개특위에서 통과된 선거제도 개혁 결의안은 도농복합형 중대선거구제+병립형 비례대표제안, 소선거구제+준연동형 비례대표제안, 대선거구제+병립형 비례대표제안 등을 다루기로 하였으나, 각 당의 이해관계가 첨예하게 걸린 관계로 이에 대한 최종적인 단일안은 마련되지 않았다.

시민단체인 경제정의실천시민연합(경실련)은 2023년 4월 14일 '국회 전원위 선거제도 개편 논의 종료'에 대한 입장을 발표, "유권자 의사가 반영되는 선거제도 개혁을 이뤄내야 한다"고 주장하면서 선거제도 개편 방향을 국민들에게 묻는 제대로 된 공론조사를 할 것을 촉구했다.

연동형 비례대표제는 각 정당의 의석수를 '정당 득표율'에 따라 나누는 제도를 말한다. 정당 득표율이 높아도 지역구 당선자 수가 적어 국회 내에서 실질적인 힘을 발휘하지 못하는 정당들에 유리하다. 정당 득표율에 비해 모자란 의석수를 비례대표 의석에서 채울 수 있어서다. 다수제와 비례대표제를 결합시키되 비례대표제의 성격을 더 강하게 하는 선거 방식이다. 사표(死票)를 방지할 수 있는 가장 좋은 방안으로 평가받는다. 독일에서 운영하고 있어서 독일식 비례대표제 또는 독일식 정당명부제라고도 불린다.

물론 독일 이외에 영국, 뉴질랜드, 남아프리카 공화국 등에서 유사한 제도를 채택하고 있다. 영국은 스코틀랜드 자치 의회 선거, 웨일스 자치 의회 선거 및 런던 시의회 선거에서 다수제와 비례대표제를 결합한 혼합형 비례대표제(Mixed-Member Proportional: MMP)를 채택하고 있다. 뉴질랜드식 연동형 비례대표제는 초과의석 문제 때문에 정당별 득표율과 의석 비율이 완벽하게 일치하지는 않는다.

남아프리카 공화국에서는 하원 선거에서 혼합형 비례대표제(MMP)를 도입하는 문제가 추진되고 있다.

국회의장실에서는 2023년 4월 11일~12일 간, 국회 출입 기자 1,150명을 대상으로 선거제도 개편안에 관한 의견을 조사하였다. 조사 결과 현재의 준연동형 비례대표제 개편이 필요하다는 응답이 89.3%였으며, 중대선거구제를 선호한다는 의견이 60.6%로 나타났다. 준연동형 비례대표제는 지난 21대 총선에서 처음 도입됐는데, '위성정당'이라는 부작용을 초래했다는 비판을 받았었다. 이 조사에서 응답자의 80%는 종전과 같은 '병립형 비례대표제'로 돌아가자고 답했다.

'병립형 비례대표제'에서의 의석 배분은 지역구 선거 결과와 비례대표 선거 결과가 분리돼 있다. 이 제도에서는 정당득표율에 따른 의석 배분이 비례대표 의석에만 적용된다. '연동형 비례대표제'에서는 지역구 선거 결과와 비례대표 선거 결과가 연동된다는 점이 서로 다르다.

그리고 비례대표 의원 수를 확대해야 한다는 데는 64.4%가 찬성했다. 그밖에 선거제도 개편이 필요한 이유로는 '정치 양극화 해소'가 67.5%(복수응답)로 가장 많았으며, '국민 다양성 반영'(49.9%) '정책경쟁'(46.5%) '비례성 강화'(23.0%) '대표성 강화'(13.1%) 순으로 응답하였다. 또한 선거구제를 대도시와 농산어촌 및 소도시로 구분하여, 대도시는 중대선거구제를 도입하고 농산어촌과 소도시는 소선거구제를 유지하는 '도농복합 선거구제' 도입을 찬성하는 응답이 77.3%를 차지하였다. 국회의장실은 "도농복합 선거구제는 정치 양극화를 완화하는 효과를 보이면서도 지역소멸 대응에 효과적이라는 측면에서 선호도가 높았던 것으로 보인다"고 설명했다.

한국 사회에서는 특히 2020년을 전후하여 정치권력이 선거관리기구를 장악하려는 움직임을 보인 바, 이에 대한 구성원들의 고발과 저항이 만만치 않게 일었었다. 향후에도 이러한 기도가 있을 수 있는 만큼, 사회구성원들은 경각심이 각별히 요구된다. 다시 한번 강조하거니와 민주적 정치 질서를 지키기 위해서는 그 선결 과제로 정치권력의 선거관리기구(중앙선거관리위원회) 장악 기도를 좌절시켜 선거관리기구를 중립화・공정화하여야 할 것이다. 민주적 정치 제도는 기본적으로 선거에 의해 유지된다. 따라서 민주적 정치 질서를 수호하기 위해서는 선거관리기구의 공정화가 무엇보다 중요하다고 하겠다.

민주적 정치질서는 기본적으로 선거에 의해 유지된다. 각국에서는 국민대표성 제고를 위한 선거 제도 개혁을 다각도로 모색하고 있다. 우리나라에서도 2024년 4월 10일로 예정되어 있는 제22대 총선을 앞두고 국회의 정치개혁특별위원회에서 선거 제도 개혁 방안 등을 심도 있게 논의하고 있다. 그러나 각 당의 이해관계가 첨예하게 걸려 있는 선거 제도 개혁안에 여・야당이 합의하기가 쉽지 않다. 합의가 쉽지 않은 것이 아니라 아예 불가능하다.

따라서 각 정당의 이해관계가 걸린 정치개혁안을 다루기 위해서는, 각 정당의 대표가 참여하는 정치 기구에서가 아니라 학자, 시민단체 등 민간인이 주도적으로 참여하는 특별 기구에서 개혁안이 논의・결정되어야 할 것이다. 시행시기를 차기 또는 차차기로 미루는 것도 한 방안이 될 수 있을 것이다.

20 선거 제도의 개편과 공정한 선거 규칙의 확립

'선거구' 제도는 앞서 "제19장 정교한 제도적 장치의 마련"에서 다루었다. 그리고 공정한 선거 규칙과 관련해서는, "제14장 선거관리위원회의 관리 부실" 부분에서 살펴보았다. 그러나 선거 제도의 개편 및 공정한 선거 규칙과 관련해 가장 시급한 선결 문제는, "제14장 선거관리위원회의 관리 부실" 부분에서 다룬 중앙선거관리위원회의 기능 재정립 문제라 할 것이다.

앞서 지적한 바, 한국의 중앙선거관리위원회는 제21대 총선(2020년 4월 15일 시행)과 제20대 대통령 선거(2022년 3월 9일 실시)에서 제기된 무수한 부정선거 의혹과 선거 부실 관리에 대해 제대로 된 해명을 내놓지 못했다. 이는 중앙선거관리위원회의 역할 인지가 잘못된 데서 비롯된 것이라고 할 수 있다.

오늘날과 같이 민주주의가 미시적으로 '선거'에 초점을 두어 규정되는 상황에서는, 선거관리위원회의 '중립적' 자세가 무엇보다 중요하다. 제20대 대통령 선거에 관한 서울방송 보도에 따르면 이○

○ 민주당 후보가 여의도 민주당 당사에서 대통령 선거 패배를 인정하는 연설을 한 시간이 2022년 3월 10일 새벽 3시 52분이고, 윤○○ 야당 후보가 "밤이 아주 길었다"고 하면서 서초구 자택을 나와 지지자들 앞에 선 시간이 그보다 4분 뒤인 오전 3시 56분이었다.

두 후보의 '패배 인정'과 '승리 선언'이 늦어진 것은, 선거가 워낙 접전이어서 그런 것으로 생각되지만, 윤 후보의 일부 강성 지지자 가운데는 여권 후보로 나선 이 후보가 "부정선거의 효과(?)"를 끝까지 믿은 결과가 아니겠느냐고 비꼰 사람들도 없지 않았다. 최종 집계는 윤 후보가 1천639만여 표(48.56%), 더불어민주당의 이 후보가 1천614만여 표(47.83%)를 얻은 것으로 나타났다. 득표차이는 0.73%포인트, 24만7천여 표에 불과하였다.

선거가 끝났음에도 불구하고 윤 후보의 일부 강성 지지자 가운데는 여러 증거를 들면서 '부정선거'가 있었음을 강변하는 사람들도 적지 않다. 이 모든 의구심의 한 가운데는 선거관리위원회의 부실한 선거 관리가 자리하고 있겠으나, 이전 정부의 편파적인 선거 관리와 같은 '음모론'도 없지 않다.

공정한 선거 규칙을 확립해야 할 이유가 여기에 있다.

21 엄격한 제도 운용

민주적 정치 질서의 붕괴를 막기 위해서는 무엇보다 정부기관에 의한 여론조작과 선거 개입을 근본적으로 차단하여야 한다. 물론 민주주의를 수호하기 위해서는, 일부 반대자들이 주장하듯이 부정선거의 여지가 있을 수 있는 사전투표제의 도입을 반대하는 법제(法制)를 마련할 수도 있을 것이다. 또한 아직 안정성이 확보되지 않은 전자적 투·개표 장치의 도입에 반대할 수도 있을 것이다. 세계 각국에서 이러한 제도들의 도입 여부를 둘러싸고 적지 않은 논란들이 일고 있는 이유가 여기에 있다.

제도(制度, institution)는 인간의 행동·태도·관념을 규율하는 각종 규범이 상호 관련지어짐으로써 일정한 형태를 갖추게 된 것을 지칭한다. 즉 일정한 상황 하에서 누가, 무엇을, 어떻게 할 것인가에 대한 규범적 양식의 복합체가 제도인 것이다. 신제도론자들은 제도를 일단의 규칙으로 규정하고, 사회적 활동의 결과에 영향을 미치는 제도적 장치를 규명하는 데 초점을 둔다. 신제도론자(neo institutionalist)들은 정부활동의 결과는 그 활동에 참여하는 사람들의 교호작용의 유형에 따라 달라지는데, 이러한 교호작용의 유형은 행위자의 선호, 정보처리 능력, 개인의 선택 기준 등 행위자의 특성과 행위 상황(action situation)에 의해 결정된다는 것이다.

이러한 제도들이 마련되어 있느냐의 여부는 민주주의 제도의 유지에 긴요하다. 그러나 그보다 더 중요한 것은 이러한 제도를 운용하는 사람들의 가치 체계라 할 수 있다. 제도는 사람들이 만든다. 제도는 그러나 그 속에서 살아가는 사람들에 의해 운용된다. 사회구성원들의 합의에 의해 만들어진 제도가 제대로 운용되기 위해서는 제도의 취지가 그 제도를 운용하는 사람들의 가치 체계에 부합되어야 한다.

민주주의를 지키기 위해 무엇보다 중요한 것은 국가 기관의 여론조작과 선거 개입을 방지하는 일일 것이다. 국가기구 그 중에서도 국가정보원·경찰청과 같은 권력기관이 여론조작과 선거조작 등에 개입할 경우 정권 교체 자체가 불가능해진다는 차원에서 국가기관의 선거 개입은 무슨 일이 있더라도 근원적으로 방지되어야 할 것이다.

여기서 한 가지 분명하게 지적하고자 하는 점은 "민주적 절차는 더디고 돈이 많이 든다"는 점이다. 민주주의를 하기 위해서는 이 모든 점을 감수할 수밖에 없다. '자유'와 '국민 존중'이라는 민주적 기본 가치를 지키기 위해서는 그 비용을 기꺼이 감수해야 한다.

22 사회구성원의 각성

민주주의란 국가 권력을 시민이 행사하는 것을 의미한다. 그 기본 원칙은 '자치' 곧 '스스로의 통치(rule by themselves)'에 있다. 원리상 통치하는 자와 통치받는 자가 일치하는 민주주의 정치 체제는 인민의 의지와 이익이 잘 반영되고 지켜져야 한다. 정치 과정에서 인민의 의지와 이익이 잘 반영되고 지켜지기 위해서는 무엇보다 사회 구성원 개개인의 각성(覺醒)이 긴요하다.

민주주의의 성공은 적극적 '시민 참여'에 달렸다. 고대 그리스에서나 오늘날의 민주 사회에서나 마찬가지다. 오늘날 대의민주주의가 위기에 봉착한 것도 이디오테스(idiotes)[1]들이 많아진 때문이라고 볼 수 있다.

고대부터 현대 사회에 이르기까지 시민 참여를 촉구하고 강제하기 위한 다양한 수단들이 강구되었다. 고대 아테네인들은 정치 활

1) 고대 그리스 사람들은 정치에 무관심한 사람들을 가리켜 '이디오테스(idiotes)'라고 했다.

동에 적극 참여하는 것을 시민적 덕목으로 권장했으며, '민회' 참석을 독려하기 위해 참석자들에게 일당을 지급하기도 하였다. 오늘날에도 선거 불참자에 대해 벌과금을 부여하는 사회도 있다.

우리나라에서는 1987년 민주화 이후 대통령 선거, 국회의원 선거, 지방 선거의 투표율이 지속적으로 하락하고 있어 많은 사람들이 '민주주의의 위기'라고 진단하고 있다. 중앙선거관리위원회는 투표율 제고를 위한 다양한 정책을 실시하고 있지만 투표율이 크게 상승하고 있지는 않다. 대통령 선거의 경우 1987년 대선에서 89.2퍼센트였던 투표율이 2007년 대선에서는 62.9퍼센트로 26.3퍼센트 포인트가 하락했고, 국회의원 선거의 경우 1988년의 총선에서 75.8퍼센트였던 투표율이 2008년의 총선에서는 46.1퍼센트로 국가 선거에서 처음으로 50퍼센트 미만으로 하락했다. 특히 보궐 선거의 경우 투표율이 현저하게 더 낮은 경우가 많다.

일부 논자들은 차제에 선거 참여율을 제고하기 위해, 투표하는 것을 법적인 의무로 규정하여 이 의무를 태만히 할 때 각종 제재를 가하는 '의무투표제' 도입을 검토할 필요가 있다고 주창한다. 의무투표제를 실시하는 나라들은 투표 불참자에게 소명 요구, 주의, 공표, 벌금, 참정권 제한, 공직취업 제한 등 다양한 제재 조치를 사용하고 있다. 의무투표제는 정치 과정에의 참여율이 낮은 미성숙 사회에서 특히 많이 찾아볼 수 있는 제도다. 참정권 제한은 투표라는 시민의 의무를 게을리 한 사람에게 선거권, 피선거권 등 참정권을 제한하는 것을 말한다. 벨기에와 아르헨티나에서 투표 불참자는 3년 동안 공직에 취업할 자격이 없다.

오늘날의 민주 사회에서 의무투표제는 뜨거운 논쟁거리가 되고 있다. 의무투표제 찬성론자들은 투표할 의무는 국민들에게 부과되는 다양한 여러 의무들, 즉 납세의무, 국방의무, 근로의무 등과 비교해서 사소한 제약에 불과하다고 반박한다.

2008년 7월의 정치 관계 법제 선진화를 위한 우리나라의 여론조사에 의하면 77.4퍼센트의 국민이 의무투표제에 반대하는 것으로 나타났다. 또한 헌법재판소는 자유선거 원칙은 우리 헌법에 명시되지는 않았지만 민주국가의 선거 원리에 내재하는 법원리로서 국민주권의 원리, 의회민주주의의 원리, 참정권 규정에서 그 근거를 찾을 수 있고 투표의 자유, 입후보의 자유 및 선거운동의 자유를 포함한다고 판시했다.

다시 한번 강조하거니와 민주주의의 성공 여부는 시민 참여의 적극성 여부에 달려 있다. 의무투표제 찬성론자들이 주장하듯이 유권자는 선거와 같은 집합 행위에서 무임승차자(free-rider)가 되어서는 아니 된다. 선거와 같은 집합 행위에 유권자들이 참여하지 않으면 민주주의라는 공공재는 파괴되고 말 것이기 때문이다.

사회구성원들의 민주적 정치 과정에의 적극적 참여가 강조되는 이유가 여기에 있다.

참고문헌

강원택 · 이상신 · 최희식 · 오창룡(2013). 투개표 선진화 추진방안을 위한 정책연구. 서울대학교 한국정치연구소.

공병호(2023). 도둑놈들 5권 세트. 공병호 연구소.

박경귀(2015). "국가가 있어야 개인이 있다" 페리클레스를 만나다. in https://www.dailian.co.kr/news/view/503258.

서병호 외(2011). 왜 대의민주주의인가?. 이학사.

오향미(2009). 정치적 '대표(representation)' 개념과 대의제. 『한국정치학회보』. 43(1): 109-128.

임경훈(2004). 대의민주주의의 원리와 대안. 김세균 외 12인, 『현대 정치의 이해』. 서울: 인간사랑.

임혁백(2021). 민주주의 발전과 위기. 김영사.

정진영(2018). 세계화와 자유민주주의 위기의 두 얼굴: 신자유주의와 포퓰리즘의 정치적 동학. 한국정치학회. 『한국정치학회보』 52(4): 81-102.

조일수(2020). 대의 민주주의와 참여 민주주의의 특징 및 한계 비교 연구. 『한국교육논총』 41(3): 23-50.

조희정(2007). 해외의 전자투표 추진 현황 연구. 『사회연구』 13(1): 45-72.

Abramowi, Michael J.(2018). Democracy in Crisis: Freedom in the World 2018. in https://freedomhouse.org/report/freedom-world/2018/democracy-crisis

Bell, Daniel A. · David Brown · Kanishka Jayasuriya · David Martin Jones(1995). *Towards Illiberal Democracy in Pacific Asia*. UK: Palgrave Macmillan.

Beramendi, V. and others(2008). *Direct Democracy: The International Handbook*. International Institution for Democracy and Electoral Assistance.

Bowman, Karlyn(2018). Democracy In Crisis? in https://www.forbes.com/sites/bowmanmarsico/2018/08/15/democracy-in-crisis/?sh=74909b5b55c6

Cronin, Thomas E.(1989). *Direct Democracy: The Politics of Initiative, Referendum, and Recall*. Cambridge, Mass.: Harvard University Press.

Crozier, Michel · Samuel P. Huntington · Joji Watanuki(1975). *The Crisis of Democracy: On the Governability of Democracies*. New York University Press.

Ercan, Selen A. and Jean-Paul Gagnon(2014). The Crisis of Democracy: Which Crisis? Which Democracy? *Democratic Theory* 1(2): 1-10.

Gandhi, Jennifer(2008). *Political Institutions Under Dictatorship*. New York: Cambridge University Press.

Gandhi, Jennifer; Lust-Okar, Ellen(2009). Elections Under Authoritarianism. *Annual Review of Political Science*. 12: 403-22.

Kloppenberg, James T.(2016). *Toward Democracy: The Struggle for Self-Rule in European and American Thought*. Oxford University Press.

Kloppenberg, James T.(2017). The three principles of democracy. in https://blog.oup.com/2017/09/three-principles-democracy-excerpt/#:~:text=The%20following%20shortened%20excerpt%20from%20Toward%20Democracy%20analyzes,principles%20of%20democracy%3A%20popular%20sovereignty%2C%20autonomy%2C%20and%20equality

Laruelle, Marlene(2022). Illiberalism: A conceptual introduction. *East European Politics*. 38(2): 303-327.

Levitsky, Steven(2010). *Competitive Authoritarianism: Hybrid Regimes after the Cold War*. New York: Cambridge University Press.

Levitsky, Steven · Ziblatt, Daniel(2018). *How Democracies Die*. New York: Crown.

Lintott, Andrew(2003). *The Constitution of the Roman Republic*. Oxford: Oxford University Press.

Loeper, Antoine(2016). Cross-border externalities and cooperation among representative democracies. *European Economic Review*. 91: 180-208.

Magleby, David(1984). The Initiative and Referendum. *Legislative Policy* (January-February 1984).

Manin, Bernard(1997). *The Principles of Representative Government*. Cambridge University Press. 곽준혁 역(2004). 『선거는 민주적인가』, 후마니타스.

Mill, J. S.(1958). *Considerations on Representative Government*. NY: Liberal Arts Press.

Mounk, Yascha(2019). *The People vs. Democracy: Why Our Freedom Is in Danger and How to Save It*. Cambridge, MA. Harvard University Press.

Mudde, Cas and Cristóbal Rovira Kaltwasser(2017). *Populism: A Very Short Introduction*. Oxford: Oxford University Press.

Müller, Jan-Werner(2016). *What is Populism?* Philadelphia, PA: University of Pennsylvania Press,

Osborne Roger(2011). *Of The People, By The People: A New History of Democracy*. 최완규 역(2012). 처음 만나는 민주주의의 역사. 시공사.

Puddington, Arch(2017). Breaking Down Democracy: Goals, Strategies, and Methods of Modern Authoritarians. OCLC 989162097.

Sadurski, Wojciech(2019). *Poland's Constitutional Breakdown*. Oxford

University Press.

Viroli, Maurizio(2002). *Republicanism*. New York: Hill and Wang. 김경희 · 김동규 옮김. 『공화주의』(2006). 인간사랑.

Wagrandl, Ulrich(2021). *A Theory of Illiberal Democracy*. Routledge Handbook of Illiberalism. Routledge.

Watts, Duncan(2010). *Dictionary of American Government and Politics*. Edinburgh University.

Welp, Yanina and Saskia P. Ruth(2017). The motivations behind the use of direct democratic mechanisms. in Saskia P. Ruth, Yanina Welp, and Laurence Whitehead(Eds.). *Let the People Rule? Direct Democracy in the Twenty-first Century*. Colchester: ECPR Press.

Whitehead, Laurence, Yanina Welp, and Saskia P. Ruth(2017). Let the People Rule? in Saskia P. Ruth, Yanina Welp, and Laurence Whitehead (Eds.). *Let the People Rule? Direct Democracy in the Twenty-first Century*. Colchester: ECPR Press.

Zagarri, Rosemarie(2010). *The Politics of Size: Representation in the United States, 1776-1850*. Cornell University.

Zakaria, Fareed(November-December 1997). The Rise of Illiberal Democracy. *Foreign Affairs*. Archived from the original on 15 October 2005. Retrieved 6 July 2013.

찾아보기

ㅈ

ㅊ

ㅋ

ㅌ

저자소개

김유경 서울대학교 공과대학 전기공학과를 졸업하고 전기회사를 경영해 온 중견기업인임. 법조인(판사)과 정치인(국회의원)을 역임한 부친을 도와 여러 차례의 선거에 직접 참여하고 경험함. 근년 들어 통계학자 등 여러 전문가들에 의해 제기된 우리나라의 부정선거 의혹에 관한 관련 도서와 논문을 분석한 재야 전문가로 활동중임.

이종수 서울대학교 문리과대학 철학과를 졸업하고 서울대학교 대학원에서 행정학박사 학위를 취득한 뒤 서울행정학회장, 한국행정학회장을 역임한 학자임. 시민단체인 경제정의실천시민연합의 상임집행위원장과 흥사단 민족통일운동본부의 공동대표를 역임하고, '백두산 영봉에 통일꽃은 피는가'(2018), '대한민국은 공정한가?'(2013) 등 여러 권의 도서를 출판함.

IPK 연구총서 24-1

새 민주주의론

-'국민 존중' 없는 민주주의는 허구다-

펴낸날 제1판 제1쇄 2024년 2월 9일
지은이 김유경 · 이종수
펴낸이 임춘환
펴낸곳 도서출판 **대영문화사**
주소 (본사) 사무실: 경기도 고양시 일산서구 주화로 70 우신프라자 307호 (우) 10387)
(본사) 물류센터: 경기도 고양시 일산서구 덕산로 107번길 68-50 (우) 10205)
등록 1975년 12월 26일 제3-16호
전화 (031) 913-3062, (031) 914-3884~5
팩스 (031) 913-3839
홈페이지 http://www.dymbook.co.kr

ISBN 978-89-7644-931-3
값 16,000원